Michael Moll

30 RADTOUREN IN DEUTSCHLAND, DIE MAN EINMAL IM LEBEN GEMACHT HABEN MUSS

DROSTE

ÜBERSICHTLICH

AKTIV ... ERLEBNISREICH ... UNVERGESSLICH

1. Der Nordseeküstenradweg — 9
Mit Rückenwind am Meer entlang

2. Bahntrassen im Ruhrgebiet — 17
Auf den Spuren der Industriekultur

3. Der Berliner Mauer-Radweg — 23
Der historischste Radweg Deutschlands

4. Der Rheinradweg — 29
Quer durch ein Weltnaturerbe

5. Die 100 Schlösser Route — 35
Entspannt durchs Münsterland

6. Die Deutsche Fußball-Route — 41
Fußballgeschichte in NRW

7. Der Ruhrtalradweg — 47
Durchs grüne Ballungsgebiet

8. Der Elberadweg — 53
Von Luther bis zur Wiedervereinigung

9. Der Mainradweg — 59
Unscheinbar schön

10. Der Weserradweg — 65
Durch malerische Landschaft ans Meer

11. Der Radschnellweg RS1 — 71
Kreuzungsfrei durchs Ruhrgebiet

12. Bodensee-Königssee-Radweg — 77
Im Auf und Ab durch das Voralpenland

13. Der Kocher-Jagst-Radweg — 83
Auf den Spuren von Götz von Berlichingen

14. Der Moselradweg — 89
Durch eine der berühmtesten Weinregionen

15. Der Donauradweg — 95
Sanfter Einstieg ins Radelglück

ÜBERSICHTLICH

AKTIV ... ERLEBNISREICH ... UNVERGESSLICH

16. Der Froschradweg — 101
Durch das Biosphärenreservat in der Lausitz

17. Der Lahntalradweg — 107
Vom Rothaargebirge an den Rhein

18. Der Altmühltalradweg — 113
Prähistorische Gelassenheit

19. Die Vennbahntrasse — 119
Grenzenloses Radeln in Europa

20. Bergische Panorama-Radwege — 125
Von Korkenziehern und Balkantrassen

21. Der NOK-Radweg — 131
Dicke Pötte am Kanal

22. Der Milseburgradweg — 137
Radweg mit Öffnungszeiten

23. Der Ilmtalradweg — 143
Mit dem Fahrrad auf den Spuren Goethes

24. Der Saaleradweg — 149
Mit „Ächz" und „Stöhn" über die Berge Frankens

25. Der Taubertalradweg — 155
Auf Altstadttour durch ein liebliches Tal

26. Die Schlossparkrunde Allgäu — 161
Auf den Spuren des bayerischen Königs Ludwig II.

27. Der Gurkenradweg — 167
Drei Rundkurse auf einen Streich

28. Der Ostseeküstenradweg — 173
Zwischen Altstädten und Naturschönheiten

29. Der Oder-Neiße-Radweg — 179
An der Grenze zwischen Deutschland und Polen

30. EXTRA: Meine Weltrekordtour — 185
In 24 Stunden durch sechs Länder

VORAB

Liebe Radfahrfreunde,

herzlich willkommen zu einer Radreise durch Deutschland. Packen Sie Ihre Fahrradtaschen, geben Sie den Reifen noch etwas Luftdruck, und schon kann es losgehen. Mit einer steifen Brise im Rücken radeln wir an der Nordseeküste westwärts, lernen wir den Nord-Ostsee-Kanal kennen und genießen die Strände und Inseln entlang des Ostseeküstenradwegs.

Doch auch im Landesinneren warten zahlreiche Ufer darauf, mit dem Fahrrad erkundet zu werden. Deutschland bietet eine Vielzahl an Flussradwegen, von denen einige zu wahren Klassikern geworden sind. Auf dem Rheinradweg durchqueren wir das Weltkulturerbe Mittelrheintal, entlang der Elbe und Weser kommen wir wieder zur Nordsee zurück, und nicht vergessen werden darf natürlich der Donauradweg bis zur österreichischen Grenze. Grenzenloses Radeln, darüber hinaus an gleich zwei Flüssen, bietet außerdem der Oder-Neiße-Radweg vom Dreiländereck Tschechien, Polen und Deutschland bis hin zum Nationalpark Unteres Odertal im Norden.

Wer es lieber etwas hügeliger mag, der entscheidet sich vielleicht eher für eine Tour auf dem Bodensee-Königssee-Radweg. Im Auf und Ab geht es am Nordrand der Alpen entlang, immer mit Blick auf die fantastischen Gipfel des malerischen Gebirges. Mit einer Extra-Schleife auf der Schlosspark-Runde Allgäu kann man das Bergerlebnis noch länger genießen. Schlösser gibt es übrigens auf beinahe jeder Radtour, doch die 100-Schlösser-Tour im Münsterland bietet zweifellos die meisten Burgen, Schlösser und Herrenhäuser. Und auch wenn man es kaum glauben mag: Auch im südlich angrenzenden Ruhrgebiet sind Radler willkommen. Zahlreiche ehemalige Bahntrassen verlaufen durch die dicht besiedelte Region und lassen pures Radvergnügen aufkommen.

Jeder dieser und der anderen in diesem Buch genannten Radwege hat seine eigene Besonderheit. Doch alle haben eine Gemeinsamkeit: Sie sind abwechslungsreich, machen Freude und sind absolut empfehlenswert.

Ich wünsche Ihnen immer genug Luft in den Reifen.

Herzlichst
Michael Moll

Farbenfrohes Wahrzeichen: der Pilsumer Leuchtturm

Mit Rückenwind am Meer entlang

Die salzige Meeresluft spürt man auf der Haut, die Möwen kreischen einem in die Ohren, und der Wind bläst einem kräftig um die Nase. Die Nordsee ist etwas für alle Sinne, und man kann einfach nichts falsch machen, wenn man sich für eine Radtour an der Küste entscheidet. Außer, man mag keine Schafe, keine Windmühlen und kein Idyll.

Mit einer Gesamtlänge von fast 6000 Kilometern hat sich der Nordseeküstenradweg einen Eintrag in das Guinnessbuch der Rekorde verschafft, und zwar als längster Radweg der Welt. International bekannter ist er als **North Sea Cycle Route.** Knapp über

Der Nordseeküstenradweg
Mit Rückenwind am Meer entlang

900 Kilometer verlaufen durch Deutschland, was ihn aber nicht zum längsten Radweg innerhalb Deutschlands macht. Aber immerhin, immer an der deutschen Nordseeküste zu radeln wirkt beruhigend und ist wegen der sehr guten Infrastruktur beinahe ein Kinderspiel. Will man jedoch die Nordsee komplett umrunden und auch in den anderen Ländern dem Radweg folgen, dann muss man mittlerweile ein Teilstück mit dem Flugzeug zurücklegen. Vom dänischen Teil der North Sea Cycle Route gelangt man mit der Fähre nach Schweden und über Land weiter nach Norwegen. Doch von der Fjordlandschaft aus geht es dann nur noch durch die Lüfte nach Großbritannien. Bis 2008 pendelten zwei Fähren von Norwegen zu den Färöer-Inseln und von dort weiter nach Schottland. Aber in Zeiten der Billigfliegerei wurde diese Verbindung leider eingestellt. Nach Großbritannien warten schließlich die Niederlande, bevor man wieder in deutschen Gefilden unterwegs ist.

Zugegeben, es muss nicht gleich die komplette Umrundung der Nordsee sein, doch die beschriebene Fahrtrichtung sollte man trotzdem einhalten. Wer es lieber sportlich mag, kann natürlich auch von Ost nach West an der Nordseeküste radeln. Aber

DER NORDSEEKÜSTENRADWEG

dann sollte man sich auf vermehrten Gegenwind einstellen. Denn die Hauptwindrichtung an der Küste ist von West nach Ost, und an manchen Tagen kann der Wind dort sehr heftig blasen. Es gibt zwar keine Garantie für diese Windrichtung, denn eine alte Radlerweisheit besagt ja, dass der Wind ohnehin immer von vorne kommt, doch so kann man hin und wieder auch auf Rückenwind hoffen.

Wir beginnen unsere Radeltour durch den deutschen Abschnitt südlich des Dollart, einer Bucht zwischen den Niederlanden und Deutschland. Bei Bunde geht es los, und schon nach kurzer Fahrt erreichen wir das erste nennenswerte Gewässer. Es ist aber nicht die Nordsee, sondern die Ems, an deren Ufer wir nordwärts radeln. Dabei passieren wir Leer und genießen die Fahrt durch den westlichen Teil von Ostfriesland. Um einen ersten, schönen Eindruck von der Kultur in der Region zu erhalten, kann man in der gemütlichen Innenstadt zum Beispiel das Tee-

> **INFO**
> Im Durchschnitt trinkt jeder Ostfriese rund 300 Liter Tee pro Jahr – das ist weltweit der Spitzenplatz!

Radeln mit Blick auf dicke Pötte

Mit Rückenwind am Meer entlang

Museum aufsuchen und gleich im Anschluss einen Ostfriesentee genießen.

Wer anschließend am linken Emsufer weiterradelt, überquert den Fluss bei Ditzum mit der Fähre und schon findet man sich in **Emden** wieder. Gleich am Ratsdelft, dem malerischen Hafen von Emden, erheben sich das Rathaus und das Ostfriesische Landesmuseum. Ein Besuch wird hier auf jeden Fall empfohlen. Gegenüber, auf der anderen Seite des Ratsdelft, wartet ein deutlich kleineres Museum auf Besucher und Fans. Die Rede ist vom Otto Huus. Die zum Teil kuriose Ausstellung wurde vom legendären Komiker Otto Waalkes ins Leben gerufen und amüsiert Groß und Klein.

Hinter Emden nähern wir uns endlich der Nordsee und begegnen ihr zunächst in Form der Emsmündung. Auf der gegenüberliegenden Seite erkennen wir noch den Küstenstrich der Niederlande.

DAS MACHT DIE TOUR EINZIGARTIG!

- Radeln am Weltnaturerbe
- Wind und Einsamkeit
- Einmalige Sielhäfen und Halligen

Gleichzeitig haben wir den Nationalpark Niedersächsisches Wattenmeer erreicht, der wiederum zu Recht auf der Liste des schützenswerten **Weltnaturerbes der UNESCO** vertreten ist. Das Wahrzeichen von Ostfriesland folgt gleich als Nächstes. Man kennt es von unzähligen Postkarten und auch als Filmkulisse für einen der Otto-Filme – der rot-gelbe Leuchtturm von Pilsum. Heute hat er zwar keine Bedeutung mehr für die Schifffahrt, er sieht aber immer noch schön aus und wird vor allen Dingen dazu genutzt, sich gegenseitig das Ja-Wort zu geben.

Entlang des Deichs erreicht man wenig später Greetsiel mit dem idyllischen Sielhafen und den vielen Einkehrmöglichkeiten rund um das kleine Hafenbecken. Nicht verpassen sollte man hier den ebenfalls schönen Anblick der beiden **Zwillingsmühlen** in Richtung Ortsausgang. In einem großen Bogen durch die Polderlandschaft fahren wir in Richtung Norden und Norddeich. Letzteres ist vor allen Dingen bekannt als Ausgangspunkt für die Überfahrten auf die ostfriesischen Inseln Borkum, Juist und Norderney.

DER NORDSEEKÜSTENRADWEG

Von nun an radeln wir küstennah von **Sielhafen** zu Sielhafen. Der Blick auf die Nordsee oder aufs Wattenmeer bleibt uns jedoch häufig durch den Deich versperrt. Diesen kann man aber immer wieder zu Fuß bei einer Radelpause betreten, um sich dann den Ausblick mit den Schafen zu teilen. Neßmersiel, Dornumersiel, Bensersiel, Neuharlingersiel und Harlesiel liegen wie Perlen an einer Schnur an der Küste. Einkehrmöglichkeiten wie zum Beispiel den Wattkieker am Hafen von Harlesiel muss man nicht lange suchen. Fischspezialitäten gibt es aber auch bei Albrecht am Harleufer, wenn wir landeinwärts nach Carolinensiel fahren. Wer dazu noch ein frisch Gebrautes wünscht, der wird in der Brauerei in Jever sicherlich fündig.

Im großen **Wilhelmshaven** blicken wir nach Süden, wenn wir über das Wasser schauen. Denn der touristisch interessante Südstrand liegt am Jadebusen, einer Meeresbucht südlich der Stadt. Außerdem gibt es hier einiges zu entdecken. Nach Überquerung

Malerische Kulisse in Greetsiel

Mit Rückenwind am Meer entlang

Unterwegs in tierischer Begleitung

der sehenswerten Kaiser-Wilhelm-Brücke besucht man entweder das Deutsche Marinemuseum, das Aquarium oder das Weltnaturerbezentrum. Es liegt gleich alles nebeneinander.

Mit der Umrundung des Jadebusens hat man Ostfriesland endgültig hinter sich gelassen. Wir überqueren mit der Fähre die Wesermündung und haben in **Bremerhaven** ebenfalls mehrere Besuchsmöglichkeiten diverser Ausstellungen und Museen. Die nächste Stadt im Bunde ist **Cuxhaven**. Sie markiert den nördlichsten Punkt Niedersachsens und liegt zugleich an der Mündung der Elbe in die Nordsee. Ab sofort wird unser Blick von den großen Schiffen abgelenkt, die hier auf dem Weg nach Hamburg sind. Empfehlenswert ist auch der Besuch im privat geführten Pinguinmuseum in der Innenstadt.

Für eine längere Zeit ist nun die **Elbe** das Thema unserer Nordseeküstenfahrt. Landeinwärts durchqueren wir die gemütliche Innenstadt von **Stade** und werfen dort einen Blick auf den historischen Tretkran. In der Millionenmetropole **Hamburg** ist das Ra-

DER NORDSEEKÜSTENRADWEG

deln natürlich weniger entspannt als am einsamen Deich. Für ein wenig Ausgleich sorgt der Alte Elbtunnel, den man als Radfahrer nicht verpassen sollte. Mit dem Fahrstuhl geht es nach unten in die Tunnelröhre, durch die man das andere Elbufer erreicht und wieder mit dem historischen Lift nach oben fährt. Leider liegt der Alte Elbtunnel nicht direkt am Radweg. Wer Hamburg komplett auslassen möchte, kann übrigens auch die Fähre zwischen Wischhafen und Glückstadt nutzen.

Auf schleswig-holsteinischer Seite radeln wir die Elbe wieder runter und dann dicht an der Nordseeküste entlang nordwärts bis Büsum. Dort können wir nicht nur einen Gang durch den Museumshafen machen, sondern auch die frisch gefangenen Nordseekrabben probieren. Spektakulär geht es an der Mündung der Eider zu, wo das gigantische **Eidersperrwerk** bereits seit 1973 vor den Sturmfluten der Nordsee schützt.

Fantastisch ist aber auch wenig später der kilometerweite Strand von **St. Peter-Ording.** Zugegeben, hier sind auch vierrädrige Fahrzeuge unterwegs, einmalig in Deutschland, aber davon sollte man sich nicht abhalten lassen. Im folgenden **Husum** machen wir uns zu Fuß auf die Spuren von Theodor Storm, denen wir in der wieder einmal gemütlichen Altstadt stets begegnen. Husum ist die letzte größere Ortschaft an der Küste. Von nun an radeln wir wieder gemütlich an Deichen und Schafen vorbei und genießen die ausgiebig weite Marschlandschaft von Nordfriesland. Vom grauen Strand am grauen Meer, wie Theodor Storm es beschrieb, ist in der Sommerzeit nichts zu spüren. Wir lernen die eingedeichte Halbinsel Nordstrand kennen und verlassen sie nordwärts auf dem schmalen **Beltringharder Koog,** wo wir rechts und links des Wegs auf das Wasser blicken. Das Meer ist hier geprägt von den nordfriesischen Inseln, aber auch von den zahlreichen **Halligen.** Die gleich folgende Hamburger Hallig kann man übrigens wunderbar mit dem Fahrrad erreichen. Belohnt wird dieser drei Kilometer lange Abstecher mit einer rustikalen Einkehr auf der Hallig und einer ansonsten ruhigen und einsamen Landschaft, die man gar nicht mehr verlassen möchte. Doch ein paar Kilometer sind noch zu radeln, bevor wir hinter Dagebüll und Niebüll die Grenze zu **Dänemark** erreichen und den deutschen Teil des Nordseeküstenradwegs vollendet haben.

FAZIT

Eine wunderbare Radtour, die über 900 Kilometer ausschließlich durch flache Landschaft verläuft. Hier sollte man bloß nicht beginnen, Schäfchen zu zählen. Einerseits würde man kaum fertig werden, und andererseits will man hier auf keinen Fall etwas verschlafen.

GUT ZU WISSEN

VON: Bunde an der niederländischen Grenze
BIS: Neukirchen an der dänischen Grenze
LÄNGE: 910 Kilometer
HÖHENMETER: ca. 2000
ETAPPEN: 13–15
MARKIERUNG: dunkelblaues Fahrrad auf hellblauem Grund
HÖCHSTER PUNKT: ein Deich

DAS BRAUCHE ICH:
- ein Fernglas zur Beobachtung von Vögeln, Robben und Schiffen
- Ausdauer, wenn der Wind doch mal von vorne kommt
- Sonnenschutz, da der Radweg fast schattenlos ist

Abenteuerfaktor ●●○○○
Naturfaktor ●●●●●
Schwierigkeitsfaktor ●●●○○

Typischer Sielhafen

Mit Schwung über die Erzbahnschwinge

Auf den Spuren der Industriekultur

2

Wo einst Kohle und Erz zwischen den Hütten, Zechen und Häfen transportiert wurden, sind die Gleise mittlerweile verschwunden. Auf den Bahndämmen wurden Radwege angelegt, die die einstigen Industriestandorte miteinander verbinden, von denen viele heute zu interessanten Sehenswürdigkeiten umgestaltet wurden.

Bei dieser Radwegbeschreibung geht es nicht um eine einzelne Strecke, sondern gleich um mehrere. Manche von ihnen sind miteinander verbunden, andere wiederum stehen eher für sich allein und bieten die Möglichkeit, sich innerhalb einer Ruhrgebietsstadt

Bahntrassen im Ruhrgebiet
Auf den Spuren der Industriekultur

flott und sicher auf dem Rad fortzubewegen. Die Bahntrassenradwege in der Region sind in den letzten Jahrzehnten entstanden, als die Kohleförderung eingestellt wurde und die Bahnstrecken, auf denen meistens Güter transportiert worden waren, in der Folge keinen Nutzen mehr hatten.

Die bekannteste ehemalige Bahntrasse ist der Radschnellweg RS1, dem wir in diesem Buch aufgrund seiner Besonderheit ein eigenes Kapitel gewidmet haben. Doch es gibt noch viele weitere Bahntrassen in der Region, einige von ihnen wollen wir hier vorstellen.

Im westlichen Ruhrgebiet verbindet zum Beispiel die **HOAG-Trasse** die Städte Duisburg und Oberhausen. Das Akronym steht für die Hüttenwerke Oberhausen AG, auch bekannt als Gutehoffnungshütte. Auf der dazugehörigen Bahntrasse wurde die geförderte Kohle der Oberhausener Zeche Sterkrade zum Rheinhafen im heutigen Duisburg-Walsum befördert. Hier, wo die sogenannte Alte Emscher, ein Altarm der Emscher, in den Rhein mündet, radelt man durch den Duisburger Norden. Der Weg wird von großen **Spielfiguren** klassischer Brettspiele gestalterisch begleitet. Ist man nach rund zehn Kilometern am Bahnhof Oberhausen-

BAHNTRASSEN IM RUHRGEBIET

Sterkrade angekommen, kann man übergangslos auf dem Grünen Pfad weiterradeln. Auf dieser Bahntrasse überquert man zunächst die Emscher, wenig später die Kleine Emscher, um dann nach weiteren zehn Kilometern zum Landschaftspark Duisburg-Nord zu gelangen, der einst über die Emschertalbahn mit dem Bahnhof in Oberhausen-Sterkrade verbunden war.

In der Nachbarstadt Mülheim an der Ruhr kann man ab dem Radschnellweg RS1 geradewegs und ebenfalls beinahe kreuzungsfrei einmal quer durch Essen radeln und das Ruhrufer in Essen-Steele erreichen. Die rund 12 Kilometer lange Strecke verläuft zunächst auf Schotter und leicht bergauf bis Essen-Rüttenscheid. Unterwegs passiert man die Gartenstadt Margarethenhöhe mit ihren liebevoll gepflegten Wohnhäusern. Hier sollte man unbedingt eine kleine Pause einlegen und das Fahrrad durch so malerische Sträßchen mit den Namen Daheim und Schöngelegen schieben.

Und wenn man gerade beim Genießen ist: Kurz darauf passiert der Radweg einen der Eingänge zum Grugapark. Er ist übrigens auch Namensgeber für die Grugabahntrasse, auf der wir uns gerade befinden.

> **INFO**
>
> 1910 bis 1938 erbaut, gilt die Margarethenhöhe als älteste Gartenstadt Deutschlands. Günstig, grün und gut angebunden sollten die Siedlungen sein.

Gute Beschilderung erleichtert das Radeln

BAHNTRASSE 2
Auf den Spuren der Industriekultur

Ab Essen-Rüttenscheid geht es dann wieder sanft, aber stetig bergab, und nach Durchquerung des Annentals auf einem asphaltierten Weg findet man sich am Ufer der Ruhr wieder, wo man sich für eine Richtung des **Ruhrtalradwegs** entscheiden kann. Geradeaus führt dieser bis zur Ruhrquelle im Sauerland. Biegt man jedoch im Annental rechts ab, erreicht man wenig später den Baldeneysee. Was viele nicht wissen: Auch ein Teil des Ruhrtalradwegs am Baldeneysee ist eine ehemalige Bahntrasse. Man erkennt dies noch gut an der alten Eisenbahnbrücke, die den östlichen Beginn des Baldeneysees von Essen-Kupferdreh nach Essen-Heisingen überspannt. Hier verkehrte einst die Ruhrtalbahn und verband unter anderem den noch heute sichtbaren Förderturm der Schachtanlage Carl Funke mit dem Bahnhof in Kupferdreh.

DAS MACHT DIE TOUR EINZIGARTIG!
- Der Industriekultur auf der Spur
- Kreuzungsfreie Fahrt
- Ideales Radwegenetz

Einen zugegebenermaßen größeren Bekanntheitsgrad hat jedoch die ehemalige **Zeche Zollverein** im Essener Norden. Dort, wo heute die Tagesbesucher die umfangreiche Industrieanlage und das UNESCO-Weltkulturerbe besichtigen, bieten sich gleich mehrere Radelmöglichkeiten. So beginnt hier zum Beispiel der **Nordsternweg** als ehemalige Bahntrasse zwischen der Zeche Zollverein und dem Rhein-Herne-Kanal. In einem weiten Bogen radelt man hier gerade einmal fünf Kilometer, und schon hat man den Kanal und parallel dazu die Emscher erreicht. Kaum der Rede wert, dass man natürlich am Kanal sowohl in Richtung Rhein als auch in das östliche Ruhrgebiet weiterradeln kann. Ganz nebenbei erhebt sich gleich neben dem Radweg noch die **Schurenbachhalde** und bietet nach einem kurzen Aufstieg einen tollen Rundumblick über weite Teile der Region.

Vom Nordsternweg zweigt kurz hinter dem Weltkulturerbe aber auch noch der **Zollvereinweg** ab. Auch dieser zählt mit knapp sieben Kilometern nicht gerade zu den längsten Bahntrassen, doch er mündet am Naturschutzgebiet Mechtenberg auf die Bahntrasse der ehemaligen Kray-Wanner-Bahn. Der Bahnhof Wanne im heutigen Herne war Ende des 19. Jahrhunderts einer der wichtigsten

BAHNTRASSEN IM RUHRGEBIET

Bahnhöfe im nördlichen Ruhrgebiet. Doch als Güterzugstrecke hatte die Bahnlinie nur 15 Jahre Bestand, danach wurde sie zu einer Zechenbahn umfunktioniert. Mittlerweile radeln wir auf ihr übergangslos vom Zollvereinweg zur Erzbahntrasse in Bochum.

Die **Erzbahntrasse** ist vermutlich eine der schönsten Bahntrassen im Ruhrgebiet. Es beginnt bereits an der Einmündung der Kray-Wanner-Bahntrasse in die Erzbahntrasse. Dort befindet sich **Holgers Erzbahnbude.** Der kleine Imbiss ist schon lange kein Geheimtipp mehr, sondern gehört zum Pflichtprogramm eines jeden Radlers, der hier vorbeikommt. Rustikal und gemütlich tankt man hier einfach auf und radelt weiter. Nach Norden verläuft die Erzbahntrasse ebenfalls zum Rhein-Herne-Kanal, womit man eine schöne Kombitour zurück zur Zeche Zollverein einlegen könnte. Nach Süden hin erreicht man den Westpark mit der Jahrhunderthalle westlich der Bochumer Innenstadt. Das Besondere an der Erzbahntrasse sind die vielen Brückenbauwerke, die für den Radweg errichtet oder saniert wurden. So radelt man teilweise in luftigen Höhen und auch über eine kurvige Brücke, die wegen ihrer Beweglichkeit zu Recht den Namen **Erzbahnschwinge** trägt.

Die Bochumer Innenstadt kann man in Richtung Süden über den sogenannten **Springorum–Radweg** verlassen. Benannt ist die Bahntrasse nach dem ehemaligen Kohlekraftwerk Springorum in Bochum-Weitmar, das sich gleich neben dem heutigen Radweg befand und Ende der 1980er-Jahre abgerissen wurde. Auf der Nord-Süd-Verbindung erreicht man in Bochum-Dahlhausen wieder die Ruhr. Im östlichen Bochum trifft man wiederum auf den **Rheinischen Esel.** Diese einstige Bahnstrecke verbindet auf einer Länge von über 12 Kilometern Bochum-Langendreer mit Dortmund-Löttringhausen und passiert ganz nebenbei noch Witten.

Gleichwohl sind das nur Beispiele von einer Vielzahl an Bahntrassen im Ruhrgebiet. Zu nennen wären da noch die Gneisenau-Trasse von Dortmund nach Lünen, der Klöcknerbahnweg von Kamen nach Bönen oder auch die 24 Kilometer lange Bahntrasse von Unna nach Welver. Ähnlich lang ist auch die Niederbergbahn, die von Essen-Kettwig ins Bergische Land nach Wülfrath verläuft. Gar nicht genannt sind die zahlreichen Trassen mit einer Länge von weniger als drei Kilometern, die aber ebenfalls gute Mittel sind, um durch die dicht besiedelte Region zu radeln.

FAZIT

Es gibt viel zu tun im Ruhrgebiet. Wer jede noch so kurze Bahntrasse der Region kennenlernen möchte, wird Wochen brauchen, um sie zu erradeln. Die längeren von ihnen dienen nicht nur dem Freizeitvergnügen, sondern sind auch wichtige Verbindungen zwischen den einzelnen Städten und Sehenswürdigkeiten.

GUT ZU WISSEN

VON/ BIS: viele Start- und Endpunkte möglich
LÄNGE: mehr als 100 Kilometer
HÖHENMETER: ca. 150
ETAPPEN: jeweils 1
MARKIERUNG: keine
HÖCHSTER PUNKT: 85 Meter, Erzbahnschwinge

DAS BRAUCHE ICH:
- ein normales Fahrrad ohne besondere Ansprüche
- Interesse an städtischen Touren
- einen Reiseführer über die Industriekultur im Revier

Abenteuerfaktor
Naturfaktor
Schwierigkeitsfaktor

Zum Abschluss über den Rhein-Herne-Kanal

**Zum Glück
nur noch
Geschichte**

Der historischste Radweg Deutschlands

HISTORISCH

3

Wo sonst kann man die Geschichte der deutschen Teilung besser erleben als auf dem Berliner Mauer-Radweg? Der Todesstreifen, der einst Ost und West trennte, kann heute mit dem Fahrrad erkundet werden und zeigt, wie sich die Stadt nach dem Fall der Mauer im Jahr 1989 entwickelt hat. 160 Kilometer deutsche Geschichte warten auf uns Radler.

Innerstädtisch zu radeln ist zugegebenermaßen nicht immer ein Vergnügen. Aber es gibt Radtouren innerhalb einer Großstadt, die es wert sind, im urbanen Getümmel unterwegs zu sein. Das gilt insbesondere beim Thema **Deutsche Einheit**. Denn abgesehen vom

Der Berliner Mauer-Radweg
Der historischste Radweg Deutschlands

Grünen Band, das sich durch Deutschland zieht und auf dem man zahlreiche Gedenkstätten besichtigen kann, kann natürlich nur die Hauptstadt Berlin mit Geschichtsunterricht der besonderen Art aufwarten.

Die Berliner Mauer ist Geschichte – zum Glück. Mittlerweile ist die Zeitspanne seit dem Mauerfall schon deutlich länger als die, in der der sogenannte antifaschistische Schutzwall Bestand hatte. Der Verlauf der **einstigen Mauer** ist zwar dank Markierungen und Hinweisschildern noch immer erkennbar, doch einige Stellen sind mit Wohn- und Geschäftshäusern überbaut. Auch das ist ein Teil der deutschen Einheit, die Stadt wächst wieder zusammen.

Daher darf man sich nicht der Vorstellung hingeben, man radle auf einem breiten Radweg, der exakt auf dem ehemaligen Mauerverlauf eingerichtet wurde. Nein, mal radelt man auf der **Ostseite,** mal auf der **Westseite,** und ein anderes Mal muss man auch einen kleinen Umweg einlegen, weil Grundstückseigentümer den Weg versperren. Doch das soll uns nicht weiter stören.

Da es sich bei dem Radweg um einen Rundweg um das ehemalige Westberlin herum handelt, ist es möglich, an jedem Ort die Tour zu starten oder zu beenden. Aber vermutlich würden die

DER BERLINER MAUER-RADWEG

INFO

Über 100 internationale Künstler machen die East Side Gallery mit ihren Bildern, direkt auf die historische Mauer gemalt, zu einem lebendigen, spektakulären und authentischen Denkmal.

meisten Radler die Fahrt am Berliner Wahrzeichen, dem **Brandenburger Tor,** beginnen. Hier, mit Blick auf die lange Straße des 17. Juni im Westen und den Pariser Platz im Osten, befindet sich zweifelsohne das weltweit bekannte Symbol der deutschen Einheit. Auf der Westseite des Tores stehend, radeln wir nach Süden und fahren am Gebäude der US-amerikanischen Botschaft vorbei, das natürlich erst nach der Wende errichtet wurde. Gleich dahinter erscheint auf der linken Seite das **Holocaust-Mahnmal,** mit dem an die dunkelste Zeit Deutschlands erinnert wird. Unter den 2711 Beton-Quadern ist das dazugehörige Museum untergebracht. Es zeigt die schrecklichen Taten in Nazi-Deutschland auf und sollte bei einem Berlin-Aufenthalt besichtigt werden.

Auf dem weiteren Weg sehen wir die aus Kopfsteinen bestehende Markierung für den ehemaligen Verlauf der Mauer, und wir

Radeln in der Hauptstadt

Der historischste Radweg Deutschlands **3**

erkennen auf der rechten Seite, wie diese Markierung in einem Gebäude zu verschwinden scheint. Nun sitzen die Gäste in dem dazugehörigen Straßencafé sowohl im ehemaligen Osten als auch im ehemaligen Westen und plaudern völlig entspannt. Genauso entspannt radeln wir auf dem Radweg an ihnen vorbei und erreichen direkt im Anschluss den **Potsdamer Platz**. Auf dem legendären Platz erheben sich mittlerweile nicht nur moderne Hochhäuser, sondern auch einige Mauerreste, die als Mahnmal stehen gelassen wurden.

Kurze Zeit darauf biegen wir links in die Niederkirchnerstraße ein, wo weitere Mauerreste erhalten geblieben sind. Daneben liegt das **Museum Topographie des Terrors**. Wir kommen kaum dazu zu radeln, so viel Geschichte steckt in der Strecke. Gleiches gilt für den **Checkpoint Charlie**, den wohl bekanntesten ehemaligen Grenzübergang in die DDR. Heute ein beliebter Touristentreff, um ein Selfie mit Darstellern in Grenzuniformen zu erhalten.

DAS MACHT DIE TOUR EINZIGARTIG!
- Deutsche Geschichte hautnah
- Urbanität und ländliches Idyll
- Weltberühmte Sehenswürdigkeiten

In der folgenden Zimmerstraße erhebt sich eine braune Stele und erinnert an das Maueropfer Peter Fechter. Er wurde 1962 bei seinem Fluchtversuch erschossen und verblutete mitten auf dem Todesstreifen. Heute befinden wir uns an selber Stelle inmitten einer quirligen Geschäftsstraße, und es ist sehr schwer, sich diese Zeit in Erinnerung zu rufen.

Wir folgen weiter dem Verlauf des Radwegs, doch schon nach wenigen Fahrminuten überqueren wir die **Spree** und blicken dort auf weitere Restbestände der Mauer in Form der **East Side Gallery**. Farbenfrohe Graffiti lassen diesen Ort beinahe fröhlich wirken. Doch dass die Mauer nicht so war, ist bekannt und wird durch kleine Erinnerungstafeln immer wieder ins Gedächtnis gerufen.

Die berühmtesten Abschnitte der Berliner Mauer haben wir hinter uns gelassen, und wir radeln nun deutlich flotter durch Berlin, so zum Beispiel am **Teltowkanal** entlang und in der Nähe des **Flughafens Schönefeld**. Gleichzeitig haben wir den Punkt erreicht,

HISTORISCH
DER BERLINER MAUER-RADWEG

an dem zu unserer Linken nicht mehr das ehemalige Ost-Berlin liegt, sondern das Bundesland Brandenburg. Dadurch ist es deutlich ruhiger um uns geworden, doch historisch bleibt es weiterhin interessant. Wir überqueren abermals den Teltowkanal und erreichen sowohl die **Havel** als auch die verschiedenen Seen bei **Potsdam**. Hier passieren wir die **Glienicker Brücke,** die in der Zeit des Kalten Kriegs zum Agentenaustausch zwischen Ost und West diente.

Wenig später wechseln wir das Gefährt und reisen mit der Fährlinie F10 über den **Großen Wannsee**. Selbst auf der rund 25-minütigen Überfahrt werden wir mit der deutschen Geschichte konfrontiert. Auf der linken Seite sehen wir am Ufer das Haus der Wannsee-Konferenz, in der die Nationalsozialisten die sogenannte Endlösung der Juden beschlossen.

Die Mauer – oder was von ihr übrig blieb

Waldreich ist die Fahrt durch den **Spandauer Forst,** wo wir später wieder die Havel erreichen und einen ehemaligen Grenzturm zwischen der DDR und West-Berlin passieren. Immer wieder wechseln sich Besiedlung und Naturlandschaft ab, während wir den Norden Berlins umrunden und uns langsam wieder dem urbanen Treiben der Hauptstadt nähern. Damit häufen sich auch wieder die Gedenkstätten, wie zum Beispiel der **Mauerpark** an der Bernauer Straße. Unvergessen die schwarz-weißen Aufnahmen von Ost-Bürgern, die im letzten Moment die Flucht wagten, indem sie aus den Fenstern ihrer Wohnhäuser in die Freiheit sprangen. Zum Abschluss der Tour überqueren wir ein letztes Mal die Spree und radeln auf der Rückseite des **Reichstagsgebäudes** die wenigen Meter zum Brandenburger Tor. 160 Kilometer Mauer liegen hinter uns – zum Glück für immer.

FAZIT

Interessanter kann ein Radweg nicht sein. Gespickt mit historischen Orten, zahlreichen Gedenkstätten und Erinnerungstafeln blicken wir hier auf die Geschichte Deutschlands zurück.

GUT ZU WISSEN

VON: Brandenburger Tor in Berlin
BIS: Brandenburger Tor in Berlin
LÄNGE: 160 Kilometer
HÖHENMETER: ca. 100
ETAPPEN: 2–4
MARKIERUNG: braun–weißes Schild mit der Aufschrift Mauerweg
HÖCHSTER PUNKT: 75 Meter, Düppeler Forst

DAS BRAUCHE ICH:
- viel Zeit für zahlreiche Museen, Gedenkstätten und Informationstafeln
- ein Fahrradschloss für den Besuch der Ausstellungen
- einen Stadtplan von Berlin

Abenteuerfaktor
Naturfaktor
Schwierigkeitsfaktor

Auf den Spuren deutscher Geschichte

VIELFÄLTIG

Quer durch ein Weltnaturerbe

4

Auf dem Rheinradweg radeln wir nicht nur von den Niederlanden bis zur Schweiz und besuchen nebenher noch Frankreich, sondern erleben auch eine vielfältige deutsche Geschichte von den Römern über die Romantik bis zu den modernen Bauten des 21. Jahrhunderts in den Metropolen Düsseldorf und Köln. Gleichzeitig sehen wir aber auch die Veränderungen, die der Rhein im Laufe der Jahrhunderte durchgemacht hat und in denen er alte Flussarme zurückließ, die heute von der Tierwelt dominiert werden.

Der Rheinradweg
Quer durch ein Weltnaturerbe

Radeln wir doch einfach mal von Nord nach Süd, dem Flusslauf entgegen. So habe ich das als Autor dieses Buches bereits zwei Mal gehandhabt und empfand es nicht als nachteilig. Los geht die Tour auf deutschem Boden bei **Emmerich am Niederrhein,** kurz vor der niederländischen Grenze. Entlang von Deichen hat man stellenweise bereits den Eindruck, man sei an der Nordsee. Doch bis dahin wären es noch mindestens zwei Tagesetappen. Die Ortschaften am Niederrhein sind für den Radler ideal gelegen. Sie fließen nicht gleich ineinander über, sondern bieten genug Abstand, sodass man zwischen den Siedlungen entspannt radeln und sich auf das nächste Zwischenziel mit Rastmöglichkeit freuen kann. Nach Emmerich folgt zum Beispiel das malerische Rees mit schöner Rheinterrasse sowie Stadtmauer inklusive Turm.

Linksrheinisch bestünde anschließend die Möglichkeit, sich auf römische Spurensuche zu begeben und den Archäologischen Park in **Xanten** aufzusuchen. Doch auch die Innenstadt mit Windmühle und Propsteikirche und ebenfalls mit Stadtmauer ist ein absolutes Muss. Die Städte am Niederrhein haben eine überschaubare Größe, bei der es ein Leichtes ist, in den Ort hinein- und wieder hinauszuradeln. Dazwischen erstrecken sich,

DER RHEINRADWEG

> **INFO**
>
> Um eine Rheinschleife abzukürzen, ließ Friedrich der Große 1788 kurz vor Xanten einen direkten Verbindungsgraben anlegen. Seitdem liegt das Gebiet der Bislicher Insel linksrheinisch, während das dazugehörige Dorf rechts des Flusses liegt.

teilweise direkt am Rheinufer, mehrere Naturschutzgebiete wie zum Beispiel die Reeser Schanz, die den Xantener Nordsee und den Xantener Südsee vom Rhein abtrennt, sowie natürlich die Bislicher Insel, die zwar keine Insel ist, aber spannendes Terrain zur Vogelbeobachtung. Durch diese Naturschutzgebiete wird deutlich, wie der Rhein einst seinen Lauf hatte, denn in der Regel bestehen sie aus Altarmen, die zu den heutigen Schutzgebieten verlandeten.

Nördlich der Ruhrmündung nimmt der Radverkehr ein wenig zu, denn wir haben mit Duisburg und Moers das westliche Ruhrgebiet erreicht. Doch vom größten Ballungsgebiet Deutschlands spüren wir auf den Radwegen eben nur, dass wir diese mit mehr Radlern teilen müssen. Zu unserer Überraschung gibt es auch auf Duisburger Stadtgebiet noch Deiche, auf denen Schafe grasen. Vor

Unzählige Schlösser und Burgen am Wegesrand

VIELFÄLTIG

Quer durch ein Weltnaturerbe

4

der Kulisse von Frachtschiffen, Autobahnbrücken und Hafenanlagen ein kurioses, aber auch schönes Bild.

Der Übergang zwischen dem Ruhrgebiet und dem Rheinland wird uns im Süden von Duisburg wieder mit einer Radeltour zwischen zahlreichen Feldern versüßt. Rechtsrheinisch empfängt uns die Landeshauptstadt **Düsseldorf** mit dem vorgelagerten Stadtviertel Kaiserswerth, wo wir an den Überresten der Kaiserpfalz anhalten und unser Rad gemütlich durch das kleine Ortszentrum schieben. Schräg gegenüber auf der anderen Flussseite erstreckt sich wieder ein Naturschutzgebiet, das mit seinem Namen Ilvericher Altrheinschlinge an die Naturschutzgebiete am Niederrhein anknüpft.

Düsseldorf bietet natürlich eine deutlich längere Rheinpromenade. Sehenswert sind hier aber auch die architektonischen Highlights am Zollhof, dem sogenannten **Medienhafen.** Die Hafenzufahrt überqueren wir auf einer schmalen Brücke und lassen den Kern Düsseldorfs hinter uns. Doch die nächste Großstadt lässt nicht lange auf sich warten. Auch in **Köln** bestehen natürlich zahlreiche Möglichkeiten, sich von der eigentlichen Radtour ablenken zu lassen, und auch hier kann es an sonnigen Tagen auf dem Rheinradweg durchaus schon mal sehr voll werden. Mindestens einen Blick in den **Dom** sollte man sich aber nicht entgehen lassen. Es folgen rechtsrheinisch die **Siegmündung** mit ihrem malerischen Naturschutzgebiet und linksrheinisch das Zentrum von **Bonn,** bevor wir das Bundesland Rheinland-Pfalz erreichen.

Kurz zuvor sollten wir jedoch noch überlegen, ob wir das Fahrrad mit der Standseilbahn tauschen und uns zum **Drachenfels** hinauffahren lassen. Der wohl bekannteste Gipfel des Siebengebirges bietet einen tollen Ausblick auf die bewaldeten Berge und auf das, was uns auf dem Rheinradweg als Nächstes erwartet.

Spannende deutsche Geschichte erleben wir an der **Brücke von Remagen,** und in Andernach steigen wir auf ein kleines Schiff, um den einzigen **Kaltwassergeysir** Deutschlands und zugleich den

> **DAS MACHT DIE TOUR EINZIGARTIG!**
>
> **Der Fluss der deutschen Geschichte**
>
> **Das UNESCO-Welterbe Mittelrheintal**
>
> **Von den Niederlanden in die Schweiz**

DER RHEINRADWEG

höchsten der Welt zu erleben. Wenig später erreichen wir **Koblenz** und sehen am Deutschen Eck, wie die **Mosel** in den Rhein mündet. Gleich auf der gegenüberliegenden Seite erhebt sich auf einer Anhöhe die Festung Ehrenbreitstein. Ab hier wird das Rheintal nun deutlich enger und ganz nebenbei auch noch zum **Weltnaturerbe der UNESCO.** Zahlreiche namhafte Burgen, Schlösser und Ruinen begleiten uns fortan auf der Radtour am Rhein entlang. Ungefähr auf der Hälfte des Mittelrheintales begegnen uns zudem noch die sagenhafte **Loreley** und der gleichnamige Felsen am rechten Rheinufer. Alleine dieser Abschnitt des Rheins, an dem unter anderem Bingen, Rüdesheim und Wiesbaden liegen, bietet bis **Mainz** so viel Geschichte und Kultur, dass man einen ganzen Urlaub hier verbringen könnte.

Bei Bacharach, etwa 45 Kilometer vor **Wiesbaden,** wird der Rhein zum Grenzfluss zwischen Rheinland-Pfalz und Hessen, nach gut 100 Kilometern wird zwischen **Worms** und **Ludwigshafen** Hessen von Baden-Württemberg abgelöst. Das dazugehörige Dreiländereck befindet sich mitten im Rhein und in ruhiger Umgebung. Ganz in der Nähe gibt es auch wieder ein Naturschutzgebiet in Form eines Altrheinarms.

Zu einem „richtigen" Grenzfluss wird der Rhein südwestlich von **Karlsruhe,** wo wir die Wahl haben, in Deutschland oder in Frankreich neben dem Rhein zu radeln. Die Landschaft am Oberrhein zwischen **Schwarzwald** und **Vogesen** breitet sich wieder sehr weit aus und nimmt ähnliche Formen an wie zu Beginn am Niederrhein. Die Ortschaften liegen weit genug auseinander, um uns Radler dazwischen wieder ins Träumen geraten zu lassen, und das Rheinufer ist deutlich weniger bebaut als im Rheinland oder am Mittelrhein. Oftmals radeln wir sogar durch langgestreckte Wälder, und teilweise entfernt sich der Rheinradweg sogar von seinem Fluss. Dies ändert sich erst wieder am **Dreiländereck** zwischen Frankreich, der Schweiz und Deutschland, wo wir auf den Hochrhein treffen und seinem Lauf bis zum **Bodensee** folgen. Dieser Abschnitt bietet die meisten Steigungen des gesamten Rheinradwegs. Entschädigt werden wir durch sehenswerte Pausen- und Picknickorte wie Bad Säckingen, Laufenburg und natürlich den Rheinfall von Schaffhausen.

FAZIT

Der Rheinradweg bietet eine lange, aber verhältnismäßig einfache Radeltour durch verschiedene Landschaften Deutschlands, wobei das Mittelrheintal zwischen Koblenz und Wiesbaden natürlich besonders hervorzuheben ist.

GUT ZU WISSEN

4

VON: Emmerich
BIS: Konstanz
LÄNGE: 980 Kilometer
HÖHENMETER: ca. 4500
ETAPPEN: 12-18
MARKIERUNG: gelber Fahrradfahrer auf blauem Grund, angelehnt an das Wappen der EU
HÖCHSTER PUNKT: 404 Meter, Konstanz

DAS BRAUCHE ICH:
- Packtaschen für Gepäck
- ausreichend Zeit für zahlreiche Sehenswürdigkeiten
- ein Fernglas zur Beobachtung der Tiere in den vielen Naturschutzgebieten

Abenteuerfaktor 🍶🍶🍶🍶
Naturfaktor ⛺⛺⛺⛺
Schwierigkeitsfaktor ☸☸☸☸

Einfach mal fahren lassen!

Schwein gehabt: der Schlosspark in Nordkirchen

Entspannt durchs Münsterland

5

Das Münsterland steht geradezu für den Fahrradtourismus und ist ein Eldorado, um mit dem Drahtesel die vielen Ortschaften auf überwiegend flachen Radwegen zu erkunden. Die 100 Schlösser Route bietet dazu am Wegesrand die architektonischen Highlights der Region und führt den Radler zu zahlreichen herrschaftlichen Landsitzen, malerischen Wasserburgen und beeindruckenden Schlössern mit ihren weitläufigen Schlossgärten.

Die gnadenlose Wahrheit vorweg: Eigentlich sind es mehr als 100 Schlösser, die man auf diesem Radweg kennenlernt. Und die 100

Die 100 Schlösser Route
Entspannt durchs Münsterland

Schlösser Route besteht außerdem nicht nur aus einer einzigen Fahrradroute, sondern teilt sich in vier große Touren auf. Diese vier Radwege erstrecken sich über das gesamte Münsterland bis hin zum Tecklenburger Land und bilden rund um die Fahrradstadt Münster vier große Schleifen in jede Himmelsrichtung.

Beginnen wir der Einfachheit halber im Norden und radeln wir die vier einzelnen Strecken jeweils im Uhrzeigersinn ab. Unser Startpunkt ist das **Schloss Münster,** das Mitte des 18. Jahrhunderts erbaut wurde. Architekt des Schlosses war Johann Conrad Schlaun. Seinem Namen und seinem Baustil werden wir während unserer Radreise noch öfter begegnen.

Beim Verlassen von Münster passieren wir noch das ebenfalls barocke Haus Rüschhaus und nahern uns auf dem Weg nach Havixbeck der **Burg Hülshoff.** 1797 wurde auf der Wasserburg die spätere Dichterin Annette von Droste-Hülshoff geboren. Über Billerbeck geht es nordwärts nach Steinfurt mit dem gleichnamigen Wasserschloss am Rande der Altstadt. Die Anlage wird von der Steinfurter Aa umflossen und gilt als die älteste Wasserburg in Westfalen. Auf niedersächsischer Seite erwartet uns die **Höhenburg Bentheim,** die bereits im 11. Jahrhundert namentlich erwähnt wurde.

DIE 100 SCHLÖSSER ROUTE

Über das **Kloster Bentlage** in Rheine und die Fachwerkaltstadt von Tecklenburg radeln wir durch den Teutoburger Wald nach **Bad Iburg,** wo sich die gleichnamige Burg mitten im Ort erhebt. Wenig später sind wir wieder auf nordrhein-westfälischem Boden und können entweder an der Bever entlang zurück nach Münster radeln, oder wir reisen direkt weiter auf der 100-Schlösser-Tour und lernen nun im Folgenden die **Ostroute** kennen. Schloss Harkotten in Sassenberg befindet sich zwar in Privatbesitz, ist aber ein schönes Beispiel für eine Doppelschlossanlage. Durch das nahe gelegene **Warendorf** radeln wir in Richtung Süden und lernen in Ennigerloh das Haus Dieck und das Haus Vornholz kennen. Letzteres ist ebenfalls von einem Wassergraben umgeben

> **INFO**
>
> **Warendorf** ist NRW-Landgestüt, hier sichern erstklassige Pferde die Zucht. Die Hengstparaden im Herbst sind absolute Besuchermagneten.

Barocke Bauten im Münsterland

Entspannt durchs Münsterland

und grenzt an einen weitläufigen Park und Wald an, genau richtig, um weiter eine schöne Fahrradreise zu genießen.

Rund um **Oelde** gibt es weitere Herrenhäuser und Burgruinen, bis wir in **Rheda-Wiedenbrück** zum Wasserschloss Rheda gelangen. Dieses wird mit der dazugehörigen Orangerie malerisch von der Ems umflossen. Durch die **Soester Börde** radeln wir unter anderem zum Schloss Hovestadt in der Gemeinde Lippetal. Dieses ursprünglich im Stil der Lipperenaissance errichtete Bauwerk wurde von Johann Conrad Schlaun mit barocken Elementen ergänzt. Auch das Wasserschloss Assen ist nur einen Katzensprung entfernt.

Ein Stück radeln wir an der malerischen Werse entlang und gelangen nach Ascheberg, wo sich **Schloss Westerwinkel** inmitten eines englischen Landschaftsgartens erhebt. Zum Ensemble gehört auch ein Pavillon im Barockstil, der – wie könnte es anders sein – von einem gewissen Herrn Schlaun erbaut wurde. Auch am nächsten Prachtbau hatte er maßgeblichen Anteil. Es handelt sich um Schloss Nordkirchen, ein barockes Wasserschloss, das durch seine Gestaltung auch den Beinamen **Westfälisches Versailles** trägt. Zusammen mit dem weitläufigen Schlossgarten, der Venusinsel und der Oranienburg gilt Schloss Nordkirchen als größtes und bedeutendstes Barockensemble in Westfalen. Und wer seine Fahrradtour mit einer Wohnmobilreise verbindet, der ist auf dem 600 Meter entfernten Wohnmobilstellplatz genau richtig. Dort trifft man in der Regel den Autor dieses Buches an, der den Übernachtungsplatz dort erbaut hat und betreibt.

Die Radwege rund um Nordkirchen werden auch als **Pättkestouren** bezeichnet. Auf einer der acht vorhandenen Pättkestouren radeln wir zu den Stever-Auen nach Olfen und mit Berührung des Dortmund-Ems-Kanals nach **Lüdinghausen**, wo sich mit dem gleichnamigen Schloss und der Burg Vischering gleich zwei historische Bauwerke befinden. Über Senden und Nottuln nähern wir uns wieder Münster an, oder wir halten uns gleich Richtung

DAS MACHT DIE TOUR EINZIGARTIG!

- Architektonische Meisterwerke
- Nahezu flache Strecke
- Paradies für Radfahrer

DIE 100 SCHLÖSSER ROUTE

Westen, um zum Abschluss auch noch die **Westroute** der 100-Schlösser-Tour kennenzulernen.

Sie beginnt gleich mit dem aus dem 18. Jahrhundert stammenden Haus Buldern in Dülmen, von wo aus wir uns auf den Weg nach **Haltern am See** machen. Neben der wasserreichen Region erwarten uns hier zudem das Schloss Sythen und das Haus Ostendorf. Noch bedeutender ist jedoch das Schloss **Raesfeld** in der gleichnamigen Ortschaft. Die einstige Ritterburg präsentiert sich heute ebenfalls als wunderbar anzuschauendes Wasserschloss. Doch bevor wir uns dem Rhein widmen, besuchen wir noch die Herrenhäuser Word und Efing in **Bocholt** sowie die **Wasserburg Anholt** in Isselburg. Auch diese Anlage gehört zu den größeren Wasserschlössern im Münsterland und ist absolut sehenswert.

Doch wir sind mit unserer Radreise auf der 100-Schlösser-Tour noch lange nicht fertig. Wir haben erst den westlichsten Punkt der Tour erreicht und schlagen nun den Lenker wieder in Richtung Münster ein. Dabei passieren wir in **Rhede** das aus dem 16. Jahrhundert stammende und im Renaissance-Stil erbaute Wasserschloss, das von einer doppelten Gräfte umschlossen ist. Auch die folgende Burg Gemen in **Borken** ist einen längeren Fotostopp wert. Wer von den vielen historischen Eindrücken im Münsterland noch nicht genug bekommen hat, der hält im anschließenden Velen auch an der **Burg Ramsdorf** an, in der heute ein Museum zur Regionalgeschichte untergebracht ist. Und wen wundert es noch, dass es in Velen auch noch ein zweites Schloss gibt. Das **Schloss Velen,** das seinen Ursprung bereits im 13. Jahrhundert hat, erhielt ebenfalls großen Einfluss durch Johann Conrad Schlaun. Weitere Herrenhäuser und stattliche Bauten auf der Radstrecke befinden sich in Südlohn, Vreden und Ahaus. Zentral in der Innenstadt von Ahaus gelegen, erhebt sich das gleichnamige Wasserschloss. Da wir an dieser Stelle mittlerweile radelnde Kenner der hiesigen Schlösserlandschaft sind, erkennen wir auch hier die Handschrift von Schlaun wieder.

FAZIT

Eine tolle Mehrtagestour mit ganz wenig Steigungen und durch eine von Wäldern, Feldern und Flüssen geprägte Landschaft führt uns zu zahlreichen herrschaftlichen Bauwerken.

GUT ZU WISSEN

5

VON: Münster
BIS: Münster
LÄNGE: 960 Kilometer auf vier Rundtouren
HÖHENMETER: ca. 3000
ETAPPEN: individuell
MARKIERUNG: grünes Burgensymbol
HÖCHSTER PUNKT: 202 Meter, Lienener Berg

DAS BRAUCHE ICH:
- DEN GUIDE ZUR 100 SCHLÖSSER ROUTE
- KAMERA
- ZEIT FÜR BESICHTIGUNGEN

Abenteuerfaktor
Naturfaktor
Schwierigkeitsfaktor

Burg Vischering

Es gibt auch anderen Sport als Radeln

Fußballgeschichte in NRW

LEGENDÄR 6

Trotz der mittlerweile starken Kommerzialisierung und des WM-Debakels in Russland im Jahr 2018 ist Fußball noch immer der Volkssport Nummer 1. Gerade in Nordrhein-Westfalen wird Fußball auch heute noch immer gelebt. Rivalitäten werden gepflegt, und nach jedem Spiel wird schon das nächste Spiel geplant. Warum also nicht einfach mal die bedeutenden Fußballstätten des Bundeslandes mit ihren spannenden Anekdoten und legendären Geschichten mit dem Fahrrad besuchen? Denn wie heißt es so schön? Nach der Radtour ist vor der Radtour – oder so ähnlich.

Die Deutsche Fußball-Route
Fußballgeschichte in NRW

Anpfiff. Wir beginnen unsere radlerische Fußballpartie im Herzen von Aachen. Dort, wo Kaiser Karl der Große regierte und mit dem **Aachener Dom** Deutschlands erstes Weltkulturerbe der UNESCO steht, treten wir in die Pedale und lassen den Trubel der Altstadt vorläufig hinter uns. Entlang der Bundesstraße 57 gelangen wir nach kurzer Zeit zum Sportpark Soers, bekannt als **Tivoli.** Dort haben wir unser erstes Auswärtsspiel und werfen einen Blick auf das Stadion, in dem seit dem Jahr 2009 die **Alemannia Aachen** ihre Heimspiele bestreitet.

Wir radeln durch die Innenstadt zurück und verlassen Aachen auf den NRW-Radwegen, um im Osten den Hürtgenwald zu durchqueren und wenig später das Braunkohlerevier zu passieren. Bevor wir den nächsten Dom erreichen, gelangen wir am Stadtrand von **Köln** zum **Müngersdorfer Sportpark.** Dort befinden sich nicht ohne Grund zahlreiche Sportstätten, so unter anderem auch das Radstadion Köln. Hier hat auch die Deutsche Sporthochschule ihren Sitz. Das größte Bauwerk ist jedoch das Rheinenergiestadion, in dem eines der Gründungsmitglieder der Bundesliga seine Heimspiele bestreitet und auch die Deutsche Fußballnationalmannschaft schon zahlreiche internationale Begegnungen absolvierte.

DIE DEUTSCHE FUSSBALL-ROUTE

Doch neben dem erfolgreicheren **1. FC Köln** spielt in der Domstadt auch noch die **Fortuna**. Das **Südstadion** in Altstadtnähe erreichen wir durch eine Radeltour durch den Grüngürtel Kölns. Dieses hält eine ganz besondere Anekdote bereit, als nämlich der damalige Präsident des Vereins, ein gelernter Elektriker, zehn Minuten lang mit den bloßen Händen zwei defekte Stromkabel zusammenhielt, damit das Flutlicht weiter brennen möge. Denn Fortuna Köln führte 3:0, und ohne das ausgefallene Flutlicht hätte der Spielabbruch gedroht.

Nicht verpassen sollte man natürlich auch das **Deutsche Sport & Olympiamuseum** am Rheinufer, bevor wir im Schatten des Kölner Doms den Fluss überqueren und in der Nachbarstadt die **BayArena** erreichen. Die sogenannte Werkself **Bayer 04 Leverkusen** erkämpft sich hier nicht nur Punkte in der Bundesliga, sondern auch in der Champions League.

> **INFO**
>
> Die **Deutsche Fußball-Route** wurde vom Westdeutschen Fußballverband initiiert und 2015 eröffnet. Sie verbindet insgesamt 15 Städte.

Der Tivoli in Aachen

Fußballgeschichte in NRW 6

Auch die weitere Radtour erinnert an eine Radreise auf dem Rheinradweg, denn wir bleiben noch einige Zeit im Rheinland, da wir die Spielstätten von **Borussia Mönchengladbach,** des **KFC 05 Uerdingen** und der **Fortuna Düsseldorf** besuchen. Vom Fußballstadion in der Landeshauptstadt wäre es eigentlich nur ein Katzensprung in das nördlich gelegene Duisburg, doch wir machen auf der Fußballroute zuvor noch eine weite Flanke durch das Bergische Land. Durch das Tal der Wupper erreichen wir die gleichnamige Stadt mit dem **Stadion am Zoo.** Zwar ist der Wuppertaler SV nicht der größte Sportverein in der Stadt und hat auch schon lange keine Profiluft mehr geschnuppert, doch gilt er ebenfalls als ein sogenannter Traditionsverein und begeistert noch heute seine Anhänger bei spannenden Derbys.

Auf dem weiteren Weg genießen wir nun eine Halbzeitpause und radeln längere Zeit auf dem Ruhrradweg. Mit dem Ruhrgebiet haben wir das wahre Herz des deutschen Fußballs erreicht. Zahlreiche Vereine der Ruhrmetropole und vor allen Dingen ihre Anhänger erfreuen sich einer Hassliebe untereinander und halten auch echte Feindschaften am Laufen. Beginnen wir den Anstoß in der zweiten Halbzeit unserer Radtour beim **MSV Duisburg.** Gleich neben Regattastrecke und Leichtathletikstadion erhebt sich die Sportstätte der sogenannten Zebras. Vorbei an der Industriekultur im Norden der Stadt gelangen wir übergangslos nach Oberhausen, wo sich im **Niederrheinstadion** am Rhein-Herne-Kanal Rot-Weiß Oberhausen immerhin vier Jahre lang in der Bundesliga aufhielt und sich auch viele Jahre in der Zweiten Liga behaupten konnte. Die Rivalität zur Nachbarstadt, in der ebenfalls Rot-Weiße für Erfolge kämpften, wird liebevoll aufrechterhalten. **Rot-Weiss Essen** ist zwar schon seit Jahren in der fußballerischen Bedeutungslosigkeit verschwunden, doch die glanzvollen Zeiten an der Hafenstraße vergisst niemand. Das damalige Georg-Melches-Stadion war in den 1950er-Jahren das erste Stadion mit Flutlicht, und auch die überdachte Tribüne setzte Zeichen und galt als vorbildhaft. Zeitgleich war Rot-Weiss

> **DAS MACHT DIE TOUR EINZIGARTIG!**
> - Legendäre Sportgeschichte
> - Klassiker des Fußballs
> - Einmal quer durch NRW

DIE DEUTSCHE FUSSBALL-ROUTE

Essen der erste deutsche Teilnehmer im Europapokal der Landesmeister, dem Vorläufer der heutigen Champions League. Und nicht zu vergessen: RWE brachte einen gewissen **Helmut Rahn** hervor, der das Wunder von Bern bewerkstelligte und die deutsche Nationalmannschaft zum ersten Weltmeistertitel führte. Übrigens: Sein erstes Länderspieltor schoss Rahn im Uhlenkrugstadion des Lokalrivalen Schwarz-Weiß Essen, in dem auch bekannte Namen wie Oliver Bierhoff ihre Anfänge hatten.

Auch die Nachbarstadt Bochum präsentiert sich gleich mit zwei bekannten Vereinsnamen. Im **Ruhrstadion** tritt der VfL an, während im **Lohrheidestadion** die Spieler vom Stadtteil Wattenscheid auf ihre Gegner treffen. Ebenfalls „nur" ein Stadtteil ist der Name **Schalke.** Zwar hat dieser Name es europaweit zu einem großen Bekanntheitsgrad geschafft, fragt man aber die Menschen im Ausland, in welcher Stadt sich Schalke befindet, wird man oft nur Achselzucken ernten. Innerhalb Deutschlands hat die Mannschaft aus Gelsenkirchen dieses Problem nicht. Hier stört man sich eher daran, dass man seit Gründung der Bundesliga niemals Deutscher Meister wurde. Gerne wird das von den Fans vom Erzfeind in **Dortmund** süffisant hervorgehoben. Die Erfolge der Borussia kann man unter anderem im **Borusseum** erleben, einer Ausstellung in der Spielstätte. Doch sollte man auch noch in die Innenstadt von Dortmund radeln. Denn dort erhebt sich gegenüber vom Hauptbahnhof das im Jahr 2015 eröffnete **Deutsche Fußballmuseum** und gibt einen einmaligen Blick in die Geschichte des Sports.

Mit dem Erreichen von Dortmund haben wir nun nach dem Rheinland in der ersten Hälfte unserer Radtour das Ruhrgebiet in der zweiten Halbzeit durchquert. Es wird also Zeit, dass unsere Radreise in die Verlängerung geht. Nach den innerstädtischen Touren radeln wir nun deutlich entspannter durch das Münsterland und gelangen nach Münster. Die Fahrradstadt beherbergt nämlich auch einen Verein namens **Preußen Münster,** der immerhin Gründungsmitglied der Bundesliga war. Und zu guter Letzt radeln wir gemütlich in Richtung Teutoburger Wald und lernen zum Abschluss noch die **Arminia Bielefeld** kennen.

FAZIT

Als roter Faden führt der Fußballsport durch das Land Nordrhein-Westfalen und verbindet traditionsreiche Sportgeschichte zwischen den einzelnen Städten. Naturgemäß ist man hier aber auch in vielen Innenstädten radelnd unterwegs. Das sollte bei der Planung berücksichtigt werden.

GUT ZU WISSEN

VON: Aachen
BIS: Bielefeld
LÄNGE: 825 Kilometer
HÖHENMETER: ca. 5000
ETAPPEN: individuell, empfohlen 15
MARKIERUNG: Fahrrad auf zwei Fußbällen (nicht durchgehend), Orientierung über das rot-weiße Radverkehrsnetz NRW
HÖCHSTER PUNKT: 359 Meter, bei Hürtgenwald

DAS BRAUCHE ICH:
- Faible für Fußball
- Notizheft für Autogramme

Abenteuerfaktor
Naturfaktor
Schwierigkeitsfaktor

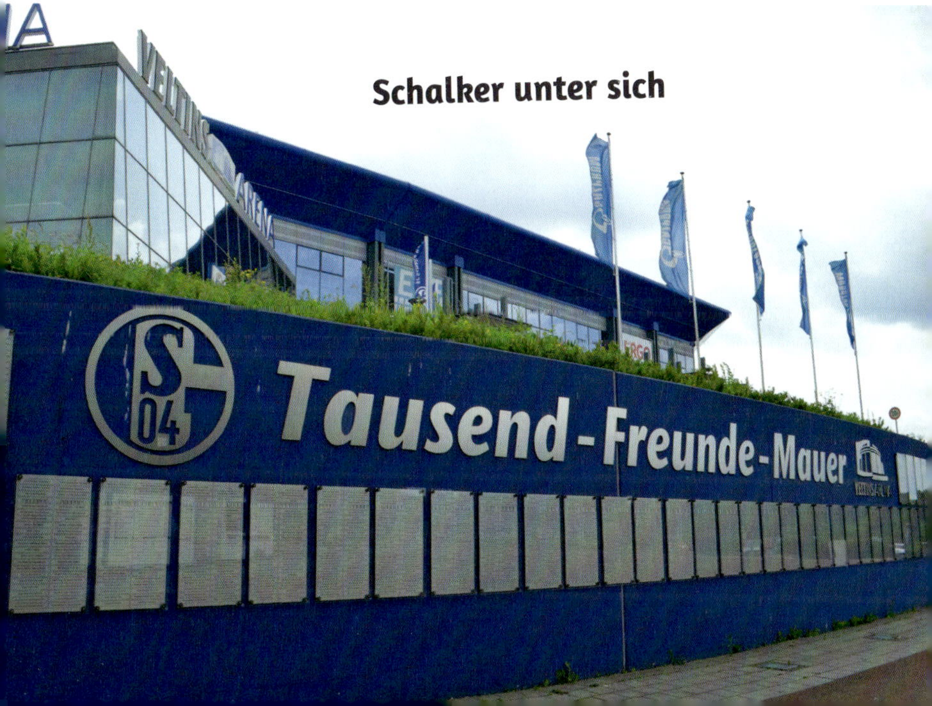

Schalker unter sich

Erfrischendes Abenteuer

IM FLUSS
Durchs grüne Ballungsgebiet 7

Auf dem Ruhrtalradweg erleben wir zwei Regionen in Nordrhein-Westfalen, die unterschiedlicher kaum sein können. Die hügelige Berglandschaft des Sauerlands, die uns auf unserer Fahrt durch das Ruhrtal umgibt, genauso wie die nur leicht gewellte Region im südlichen Ruhrgebiet. Dort fließt die Ruhr teilweise durch eine weite Auenlandschaft und umströmt viele kleine Ortschaften und idyllische und abgelegene Ortsteile der großen Ruhrgebietsmetropolen.

Im Osten, wo die Ruhr entspringt, radelt man noch in über 600 Höhenmetern und genießt dabei die sanften Kuppen des **Sau-**

Der Ruhrtalradweg
Durchs grüne Ballungsgebiet

erlandes. Mit Erreichen der **Metropole Ruhr** wird die Landschaft zusehends flacher, bis man schließlich auf den Rhein trifft, der das Ende dieser Radtour markiert.

Zwar werden wir in der am dichtesten besiedelten Region Deutschlands mit dem Fahrrad unterwegs sein, doch wir kratzen die Städte des Ballungsgebietes Ruhrgebiet nur am Rande. Und dann auch noch dort, wo es beinahe überall **am schönsten** ist.

Doch bis es so weit ist, beschäftigen wir uns erst einmal mit dem Sauerland und starten unsere Tour in **Winterberg.** In einer Höhe von über 660 Metern erstreckt sich der Ort im Rothaargebirge. Auf den ersten Gedanken bringt man Winterberg zunächst mit verschiedenen Wintersportarten oder mit Wandertouren im Sommer in Verbindung. Doch es gibt hier auch einen **Bikepark,** der sich mit seinen verschiedenen Strecken an Mountainbiker richtet, die gerne ein wenig offroad radeln möchten. Wie die Mountainbiker radeln wir zwar auch bergab, aber deutlich gemächlicher, und bewegen unsere Räder in Richtung **Ruhrquelle.**

Innerhalb eines Rondells der gefassten Quelle fließt ein schmales Rinnsal zwischen den Steinplatten entlang, und man mag kaum glauben, dass dieses Wässerchen sich zur breiten Ruhr mit mehreren Talsperren mausern wird. Entlang der Land- und

DER RUHRTALRADWEG

> **INFO**
>
> Neben Ruine und Kaiser-Wilhelm-Denkmal verbindet man Hohensyburg vor allem mit der dortigen Spielbank. Zur Eröffnung 1985 sang Sammy Davis Jr.

Bundesstraße folgen wir dem schmalen Lauf der Ruhr und erreichen bald schon mit Niedersfeld die erste Siedlung entlang der Strecke. Nur zweieinhalb Kilometer Luftlinie sind es bis zum höchsten Gipfel von Nordrhein-Westfalen. Der Langenberg misst immerhin 843 Meter in der Höhe, ist aber für unsere Radtour durch die Täler der Region eher weniger von Bedeutung.

Wir verlieren deutlich an Höhe, bis wir nach einer Fahrt von rund 25 Kilometern auf die erste nennenswerte Ortschaft treffen. Olsberg liegt bereits nur noch auf einer Höhe von gut 360 Metern und ist für uns der Ort, in dem wir die Richtung ändern. Bis hierher verläuft der Ruhrtalradweg nämlich überwiegend in nördliche Richtung, während sowohl Fluss als auch Radweg nun den Weg in Richtung Westen einschlagen. Im Zentrum von Meschede

Schön grün ist es an den Ufern der Ruhr

IM FLUSS
Durchs grüne Ballungsgebiet 7

überqueren wir die Mündung der Henne in die Ruhr. Wer Zeit hat, kann der Henne in südliche Richtung folgen und gelangt am Ortsrand zum Hennesee, wo der Fluss gestaut wird. Wir werfen einen Blick auf das von den Grafen von Westphalen bewohnte Wasserschloss Laer und radeln durch Ortschaften wie Freienohl und Oeventrop.

Eine große Schleife bildet die Ruhr in **Arnsberg,** wo sie weitläufig die Altstadt umfließt. Diese befindet sich auf dem Schlossberg, wo sich vom Gelände der Schlossruine ein herrlicher Ausblick auf das Ruhrtal genießen lässt. Bei einer Einkehr in der Arnsberger Altstadt laufen wir Gefahr, einen Teil des Ruhrtalradwegs abzukürzen, weil dieser in einem weiten Bogen südlich des Schlossbergs verläuft. Aber so oder so erkennen wir die Ruhr wieder, folgen dem Lauf des Wassers in westliche Richtung und erreichen schon bald die Ortschaft Wickede. Das Sauerland lassen wir damit hinter uns, was man auch an der deutlich flacheren Umgebung spürt. Mittlerweile sind wir am Ruhrufer sogar nur noch auf etwas mehr als **100 Höhenmetern** unterwegs.

DAS MACHT DIE TOUR EINZIGARTIG!

- Die Ruhr in voller Länge
- NRWs höchster Gipfel
- Die Wiege des Ruhrgebiets

Die noch zum Sauerland gehörende Ortschaft Menden streifen wir nur, bevor wir kurz hinter Schwerte die Mündung der **Lenne** in die Ruhr erreichen. Die Lenne entspringt übrigens auch bei Winterberg, genauer gesagt auf dem Berg Kahler Asten, und entlässt ihr Wasser nach einem Lauf von fast 130 Kilometern in die Ruhr. Sie ist der wasserreichste Zufluss der Ruhr. Gleichzeitig markiert die Lennemündung auch den Punkt, ab dem wir uns im Ruhrgebiet befinden. Und das Ruhrgebiet empfängt uns gleich hinter der Lennemündung direkt mit einem der Stauseen der Ruhr. Während sich am Nordufer einige Steilhänge befinden, die zum Dortmunder Ortsteil Syburg gehören und die Ruine der **Hohensyburg** beherbergen, radeln wir gemütlich am Südufer des **Hengsteysees** entlang.

Auf dem gut ausgebauten Rad- und Fußweg radeln wir in einem weiten Bogen an Herdecke vorbei und genießen gleich im

DER RUHRTALRADWEG

Anschluss mit dem **Harkortsee** den nächsten Stausee. Hier fällt uns gleich das sehenswerte **Ruhrviadukt** auf. Die Eisenbahnbrücke aus Bruchstein überspannt mit zwölf Bögen das Gewässer und ist ein beliebtes Fotomotiv. Am Ende des Harkortsees umrunden wir in einer weiteren Schleife die Ortschaft Wetter und wechseln auf die Südseite des Flusses.

So bekommen wir die Gelegenheit, die sogenannte Wiege des Ruhrgebietes kennenzulernen. Denn hinter dem Gruben- und Feldbahnmuseum befinden wir uns im **Muttental,** wo sich mit der ehemaligen Zeche Nachtigall eine der ältesten Zechen der Region befand. Heute ist hier das gleichnamige Industriemuseum des Landschaftsverbands Westfalen-Lippe untergebracht und informiert anschaulich über diese für das Ruhrgebiet wichtige Geschichte.

Es folgen der **Kemnader Stausee** zwischen dem Bochumer Süden und Hattingen sowie die **Ruhrauen** im Essener Süden. Mit dem **Baldeneysee** erreichen wir den größten Stausee der Ruhr und ein ebenfalls beliebtes Ausflugs- und Naherholungsziel. Von der Südseite aus blicken wir über die Regattastrecke hinweg auf die nördlichen Anhöhen, wo sich in der grünen Landschaft die **Villa Hügel** zeigt. Das einstige Wohnhaus der Familie Krupp ist auch heute noch ein imposanter Anblick. Die Essener Stadtteile Werden und Kettwig sollte man langsam durchqueren und hier eine schöne Einkehrmöglichkeit in gemütlicher Atmosphäre, teilweise zwischen malerischer Fachwerkarchitektur, einplanen.

Weitläufig sind die Ruhrauen, die uns nach **Mülheim** bringen, wo wir die einzige Ruhrgebietsstadt erleben, die ihr Stadtzentrum direkt am Flussufer hat. Dem Ruhrtalradweg tut das aber keinen Abbruch, genauso wenig wie der Duisburger Hafen, der wenig später folgt. Zwar ist dieser naturgemäß industriell geprägt, doch der Radweg bleibt davon unberührt. Vielmehr lohnt sich hier sogar noch ein kleiner Abstecher nach Süden zum Duisburger Binnenhafen, wo kurz vor Abschluss der Radeltour noch einige Einkehrmöglichkeiten vor ehemaliger Industriekulisse einladen. Eine orangefarbene Stele markiert das Ende der Ruhr, die hier in den **Rhein** mündet, und das Ende des Ruhrtalradwegs. Ihr Name lautet **Rheinorange.** Eine gute Gelegenheit, hier auf den Rheinradweg zu wechseln.

FAZIT

Der Ruhrtalradweg mag so manchen auf den ersten Blick abschrecken, führt er doch unter anderem durch das dicht besiedelte Ruhrgebiet. Doch dieses lernt man dabei nur von seiner grünen Seite kennen.

GUT ZU WISSEN

VON/BIS: Winterberg
VON/BIS: Duisburg
LÄNGE: 240 Kilometer
HÖHENMETER: ca. 1300
ETAPPEN: 3–6
MARKIERUNG: farbenfrohes Fahrradlogo
HÖCHSTER PUNKT: 668 Meter, Winterberg, knapp oberhalb der Ruhrquelle

DAS BRAUCHE ICH:
- ein straßentaugliches Fahrrad
- Zeit für zahlreiche Ortskerne
- Geduld, da es am Wochenende an den Stauseen voll werden kann

Abenteuerfaktor 🔥🔥🔥
Naturfaktor ⛺⛺⛺
Schwierigkeitsfaktor ⚙⚙⚙

Start im Sauerland

Von Luther bis zur Wiedervereinigung

8

Der Elberadweg präsentiert sich auf weiten Teilen als ruhige und einsame Strecke durch eine wunderschöne Naturlandschaft. Unterbrochen wird sie nur von Ortschaften, die entweder malerisch oder als Welterbe zu verstehen sind. Von der einmaligen Landschaft des Elbsandsteingebirges bis zu den aufregenden Augenblicken in der Metropole Hamburg durchqueren wir die Elbauen mit ihrer weitläufigen Naturvielfalt und Städte, in der deutsche Geschichte geschrieben wurde.

Um fast 400 Kilometer könnten wir unsere Reise an der Elbe verlängern, wenn wir uns nicht nur auf den deutschen Abschnitt

Der Elberadweg
Von Luther bis zur Wiedervereinigung

konzentrieren, sondern wenn wir an der Quelle in Tschechien beginnen würden. Der Fluss, der im Nachbarland Labe genannt wird, entspringt im **Riesengebirge** und fließt zunächst südwärts bis vor die Tore der Hauptstadt **Prag**. Dort wendet er sich nach Norden und nimmt wenig später das Wasser der Moldau auf. Nun ist es nur noch eine kurze Fahrt, bis die Labe ihren deutschen Namen erhält.

Und dabei beginnt sie gleich mit einer der faszinierendsten Landschaften Deutschlands. Sie ist zugleich Ausgangspunkt für unsere Radreise bis zur Elbmündung bei Cuxhaven. Am Bahnhof Schmilka steigen wir aus dem Zug und folgen dem Flusslauf nun am Nationalpark **Sächsische Schweiz** entlang. Spannende Felsformationen erheben sich steil über dem hier engen Elbtal und sind Teil des Elbsandsteingebirges. Gleich die erste größere Ortschaft Bad Schandau lädt zu einem längeren Verbleib ein, um den Nationalpark auch zu Fuß zu erkunden. Oder gar mit der Straßenbahn. Denn die **Kirnitzschtalbahn** verkehrt hier als Überlandstraßenbahn durch ein Seitental der Elbe und bringt uns unter anderem zum Lichtenhainer Wasserfall. Wer ganz viel Zeit mitbringt, sollte sich auch auf keinen Fall eine Bootsfahrt durch

DER ELBERADWEG

> **INFO**
>
> Der Fels der Bastei fällt 194 Meter steil zur Elbe ab. Ihr Wahrzeichen, die siebenbogige Sandsteinbrücke, wurde 1851 erbaut.

das enge Kirnitzschtal entgehen lassen, wo der Fluss die Grenze zwischen Deutschland und Tschechien bildet.

Zum Elbsandsteingebirge gehören auch die zahlreichen Tafelberge wie zum Beispiel der Pfaffenstein mit der malerischen Barbarine, die als Felsnadel in die Höhe ragt. Direkt am Elbufer erhebt sich auch der Königstein mit dem umfangreichen Areal der gleichnamigen Festung. Die Auffahrt auf den Berg lohnt sich schon alleine wegen der Aussicht auf das Elbtal.

Wir sind noch keine 15 Kilometer geradelt und haben bereits verschiedene Sehenswürdigkeiten erlebt und Gelegenheiten für wunderschöne Abstecher gehabt. Doch das eigentliche Wahrzeichen des Nationalparks Sächsische Schweiz kommt erst noch. Dafür wechseln wir bei Rathen auf das rechte Ufer der Elbe und

So zauberhaft zeigt sich die Elbe

Von Luther bis zur Wiedervereinigung

lassen das Rad stehen. Über einen steilen Waldweg gelangen wir hinauf auf die berühmte **Bastei**, die fantastische Ausblicke auf die Felslandschaft entlang der Elbe ermöglicht.

Mit der Altstadt von **Pirna** lassen wir das Elbsandsteingebirge hinter uns und schlendern durch die rechtwinklig angelegten Straßenzüge rund um den historischen Marktplatz und an der Stadtkirche St. Marien. Überragt wird die gemütliche Altstadt vom Schloss Sonnenstein und der unmittelbaren Gedenkstätte Pirna-Sonnenstein, die an die düsterste Zeit Deutschlands erinnert.

Gerade einmal 30 Kilometer sind wir ab Schmilka geradelt, und ohne Besichtigungen unterwegs hätten wir am ersten Tag der Radtour sogar noch Zeit, in die sächsische Landeshauptstadt zu fahren. Am Ende des Tages stünden dann etwas mehr als 50 Kilometer auf dem Fahrradtacho, und wir haben am Abend die Möglichkeit, durch das **Elbflorenz**

DAS MACHT DIE TOUR EINZIGARTIG!

Der Klassiker der Flussradwege

Der Nationalpark Sächsische Schweiz

Viel Einsamkeit und Ruhe

zu flanieren. Dabei besichtigen wir natürlich die Klassiker der **Dresdner Altstadt** und spazieren von der Frauenkirche durch den Stallhof bis zur Semperoper, wo sich gleich daneben der Zwinger mit der Gemäldegalerie Alte Meister erstreckt.

Hinter Dresden geht es nun deutlich weniger aufregend, aber nicht minder schön zu. Durch die **grünen Elbauen** radeln wir an Radebeul und Coswig vorbei, um schließlich am linken Elbufer die nächste Altstadt zu erleben. Die Stadt **Meißen** ist natürlich noch heute für ihr hochwertiges Porzellan bekannt, das seit über 300 Jahren in der Manufaktur hergestellt wird. Doch für die Fahrradpacktaschen sind das die denkbar ungeeignetsten Mitbringsel.

Wir radeln also gemütlich weiter und spüren nun die Weite Sachsens. Städte wie Riesa liegen nun weiter auseinander und sind zudem deutlich kleiner und touristisch auch weniger attraktiv als zum Beispiel Dresden oder Pirna. Hinter Riesa machen wir ganz kurz Bekanntschaft mit dem Bundesland Brandenburg, doch es geht zügig auf sächsischer Seite weiter bis **Torgau.** Eine trutzige Mauer trennt das Wasser der Elbe von der Altstadt, und

DER ELBERADWEG

gleich zu Beginn erhebt sich stolz das **Schloss Hartenfels.** Nach einem Rundgang durch das kleine Städtchen mit dem kopfsteingepflasterten Marktplatz sollten wir auch noch einen Blick auf das Denkmal der Begegnung am Elbufer werfen. Es erinnert an das Zusammentreffen der amerikanischen und sowjetischen Soldaten kurz vor Ende des Zweiten Weltkriegs.

Wir radeln weiter flussabwärts, allerdings nicht immer direkt am Elbufer, sondern auch schon mal etwas außerhalb der Sichtweite zum Fluss und planen unseren nächsten Aufenthalt in der **Lutherstadt Wittenberg.** Hier steht natürlich alles im Zeichen des Reformators, und wer die von der UNESCO als Weltkulturerbe geschützten Luther-Gedenkstätten besichtigen möchte, sollte ruhig ein wenig mehr Zeit einplanen. Gleiches gilt übrigens für das Gartenreich Dessau-Wörlitz und für die **Bauhaus-Architektur** in Dessau. Die Elbe nimmt noch das Wasser der Saale auf und streift wenig später das Stadtzentrum von **Magdeburg.** Bei der Radtour durch die anschließenden Elbauen lernen wir kleine Ortschaften wie Tangermünde, Wittenberge und Schnackenburg kennen. Hier erfahren wir im **Grenzlandmuseum** auch Wissenswertes über die ehemalige deutsche Grenze, da ein Radeln entlang des Flusses bis 1989 in dieser Form nicht möglich war. Die Elbe war hier Grenzfluss zwischen der DDR und der BRD. Heute können wir die Elbufer problemlos wechseln. Wenn wir das in Schnackenburg tun wollen, müssen wir uns bemerkbar machen, damit der **Fährmann** den Motor seiner Fähre startet und uns abholt.

Auf einer längeren Fahrt durch die gemütlichen Elbtalauen gelangen wir schließlich in die größte Stadt entlang der Elbe. Was die Hansestadt **Hamburg** alles zu bieten hat, würde hier den Rahmen sprengen. So können wir mit dem Fahrrad um die Binnenalster radeln, den Alten Elbtunnel besuchen und natürlich an den Landungsbrücken von St. Pauli weiter dem Lauf der Elbe folgen. Hamburg steht natürlich auch gleichzeitig für den größten Hafen Deutschlands, und so sind wir ab sofort ständig in Begleitung von Kreuzfahrt- und Frachtschiffen auf dem Weg zur Nordsee. Diese erreichen wir übrigens spielend bei **Cuxhaven,** wo die Kugelbake nicht nur als Wahrzeichen der Stadt gilt, sondern auch den Übergang von der Elbe zur Nordsee markiert. Damit ist die Radtour entlang des Flusses für uns beendet.

FAZIT

Zu den Klassikern der Flussradwege gehört der Elberadweg auf jeden Fall, und das zu Recht. Eine gute Beschilderung und eine tolle Abwechslung bieten hier alles, was der Radler sich wünscht.

GUT ZU WISSEN

8

VON: Schmilka
BIS: Cuxhaven
LÄNGE: 840 Kilometer
HÖHENMETER: ca. 3300
ETAPPEN: 11–17
MARKIERUNG: der geschwungene Buchstabe „e" in Blau
HÖCHSTER PUNKT: 217 Meter, Schmilka

DAS BRAUCHE ICH:
- Zeit, um das Elbsandsteingebirge zu erobern
- Ausdauer, um abends nach der Ankunft die Altstädte zu besichtigen
- ein Fernglas zur Vogelbeobachtung in den Elbtalauen

Abenteuerfaktor ▮▮▮▮▯
Naturfaktor ▲▲▲▲▲
Schwierigkeitsfaktor ●●●○○

Malerische Abendsonne

Auf nach Mainz

Unscheinbar schön

9

Ein Blick auf die Karte genügt, um zu sehen, dass die Entfernung zwischen Bayreuth und Mainz kürzer ist, als der Radweg ahnen lässt. Er folgt strikt dem Lauf des Flusses, der sich durch Franken und Hessen schlängelt und dabei zahlreiche sehenswerte Altstädte berührt. Gleich drei davon stechen mit ihren Weltkulturerben in Bayreuth, Bamberg und Würzburg hervor. Gleichzeitig ist der Mainradweg kontrastreich und bietet nach den malerischen Innenstädten noch eine Skyline mit architektonisch ebenfalls spannenden Hochhäusern.

Der Mainradweg
Unscheinbar schön

Wie schon beim Donauradweg muss man sich auch beim Mainradweg noch vor der Tour die Frage stellen, wo man die Radreise eigentlich beginnen möchte. Der Main hat zwei Quellflüsse, den **Roten Main** in der Fränkischen Schweiz und den **Weißen Main,** der im Fichtelgebirge entspringt. An beiden Quellflüssen kann man entlangradeln, bis diese westlich von Kulmbach aufeinandertreffen und sich zum eigentlichen Main vereinen. Zu empfehlen ist die Fahrt entlang des Roten Mains. Mit einer Länge von etwas über 70 Kilometern ist er rund 20 Kilometer länger als der Weiße Main und führt darüber hinaus auch noch durch Bayreuth.

Dadurch bietet sich **Bayreuth** als Ausgangspunkt an, denn im Oberlauf des schmalen Roten Mains kommt man ohnehin kaum in die Gelegenheit, das Wasser zu sehen. Dafür erlebt man in der Festspielstadt die historische Innenstadt mit dem markgräflichen Opernhaus, das von der UNESCO zum **Weltkulturerbe** gezählt wird. Der Mühlkanal als Seitenarm des Roten Mains fließt direkt daran vorbei, jedoch in ein Betonbett gefasst und teilweise unterirdisch. Dennoch ein idealer Ausgangspunkt, um auf der Radreise dem Lauf des Mains nach Westen zu folgen. Am Rande der Innenstadt radeln wir sogar ein kurzes Stück direkt neben dem

DER MAINRADWEG

> **INFO**
> Überregional bekannt und eine echte Delikatesse sind die Bamberger Hörnchen, eine alte Kartoffelsorte, die fast ausgestorben war und sich nun neuer Beliebtheit erfreut.

Fluss, doch beim Verlassen von Bayreuth beginnt der Rote Main stark zu mäandrieren und sucht sich abseits von Fahrwegen und Radwegen sein eigenes Bett. Wir bleiben jedoch in seiner Sichtweite, überqueren ihn sogar einige Male und durchfahren mehrere kleine Dörfer, bis wir vor den Toren der Stadt Kulmbach stehen. Am Naturschutzgebiet Mainaue treffen der Weiße Main und der Rote Main zusammen. Doch bevor wir nun am Main entlangradeln, lohnt es sich, am Weißen Main ein wenig flussaufwärts zu fahren. So kommen wir zum einen für ein kurzes Stück in den Genuss, auch den Radweg am Weißen Main erlebt zu haben, und gelangen überdies in die gemütliche Innenstadt von Kulmbach, die von der Hügelfestung Plassenburg überragt wird.

Auch wenn wir den Fluss nicht im Blick haben, so ist ein Verfahren kaum möglich. Wir müssen nur auf die Ortsnamen achten, die den Main in ihrem Ortsnamen haben. So können wir

In der Mainschleife wartet Schloss Johannisburg

Unscheinbar schön

uns durch Mainleus über Mainroth nach Mainklein orientieren. Ihnen folgen größere und teils bekanntere Orte wie Lichtenfels und Bad Staffelstein. So radeln wir gemütlich durch **Oberfranken,** doch die wirklich bedeutsamen Städte entlang des Mains sind solche wie zum Beispiel **Bamberg.** Etwas mehr als 100 Kilometer haben wir ab Bayreuth zurückgelegt, bis wir auf das nächste Weltkulturerbe treffen. Dieses Mal ist es jedoch nicht nur ein einzelnes Bauwerk, sondern gleich die gesamte Altstadt. Über 1200 Baudenkmäler, zahlreiche Museen und Theater- und Kleinkunstbühnen sorgen dafür, dass wir auf der Radreise möglicherweise schon früh einen Tag Pause zur Besichtigung einlegen sollten. Absolut sehenswert ist nicht nur der Bamberger Dom mit der angrenzenden Residenz, sondern auch das Alte Rathaus. Verständlicherweise ist es das Wahrzeichen der Stadt, denn es bildet in gewisser Weise eine Insel inmitten der Regnitz. Die Regnitz ist es auch, an deren Ufer wir die Stadt wieder verlassen. Sie endet westlich von Bamberg und mündet dort in den Main, wo wir nun durch das breite Maintal weiterradeln werden.

DAS MACHT DIE TOUR EINZIGARTIG!

- Drei Weltkulturerben der UNESCO
- Zahlreiche historische Altstädte
- Erster Radweg mit fünf ADFC-Sternen

Haßfurt und **Schweinfurt** sind die nächsten sehenswerten Städte, die mit ihrer Innenstadt zu einer Einkehr und Besichtigung einladen. Beide Altstädte werden direkt vom Main berührt, und da der Radweg unmittelbar neben dem Wasser verläuft, ist es ein Leichtes, in die Altstadt zu gelangen. Gleichzeitig wechseln wir in Schweinfurt die Fahrtrichtung und radeln nach Süden. Der Main ist nämlich sehr wechselhaft und **mäandert** durch den Süden Deutschlands. Immer wieder fließt er von Nord nach Süd und später wieder zurück nach Norden. Langsam bewegt er sich dabei in Richtung Westen und nimmt den Radweg dabei natürlich mit. Konsequent ist er jedoch bei der Namensvergabe bei den angrenzenden Ortschaften. Den Zusatz „am Main" kennt man von der wohl bekanntesten Stadt entlang des Flusses, wird aber auch von vielen kleinen Gemeinden verwendet. Darüber hinaus radeln wir

DER MAINRADWEG

auch an Mainsondheim vorbei und durch Mainstockheim hindurch.

Bei Flusskilometer 286 überqueren wir den Fluss auf der **Alten Mainbrücke**, die bereits zu Beginn des 14. Jahrhunderts namentlich erwähnt wurde – damals noch als Holzbrücke. Sie ist Teil der historischen Innenstadt von **Kitzingen,** die uns mit zahlreichen weiteren sehenswerten Bauwerken erfreut. Unsere Radtour verläuft anschließend weiter durch das sogenannte Maindreieck, das seinen Namen durch den Lauf des Flusses erhielt. Das bedeutet, wir radeln zunächst südwärts, wenden uns bei Marktbreit nach Westen, passieren die Altstadt von Ochsenfurt und lenken unser Fahrrad wieder nach Norden, um kurze Zeit später **Würzburg** zu erreichen. Mit der Würzburger Residenz blicken wir damit auf das dritte Weltkulturerbe entlang der Fahrradstrecke. Der barocke Bau wurde in der ersten Hälfte des 18. Jahrhunderts erschaffen und dominiert die Innenstadt Würzburgs. Doch mit dem Dom, dem Marktplatz und dem Neumünster gibt es in der Altstadt noch viel mehr zu entdecken.

Auch hinter Würzburg bleibt es schön. Die deutlich kleineren Ortschaften Karlstadt und Lohr am Main überzeugen ebenfalls durch pittoreske Innenstädte, die sich bis zum Mainufer erstrecken. Für ein sehr kurzes Stück radeln wir sogar durch Baden-Württemberg, doch schon in Miltenberg, natürlich wieder mit sehenswerter Altstadt, sind wir wieder in Bayern zurück. Auch hier lässt es sich unterhalb der **Burg Miltenberg** in mittelalterlichen Häusern bequem und lecker einkehren.

Hinter Aschaffenburg erreichen wir Hessen und spüren schon bald den Einfluss von Frankfurt. Eine Ortschaft folgt der nächsten, bis wir in der Großstadt angekommen sind. Am rechten Mainufer gelangen wir zunächst zum Römerberg mit dem berühmten Römer, und gleich dahinter erheben sich Wolkenkratzer, die die Frankfurter **Skyline** bilden.

In dem Häuserwirrwarr ist der Fluss eine gute Leitmarke, um uns aus der Großstadt wieder hinauszubringen. Gleichzeitig ist die letzte Etappe der Radtour angebrochen. Der Main hat nur noch wenige Kilometer vor sich, bis er bei **Mainz** in den Rhein mündet, wo wir mit einer letzten Altstadtbesichtigung unsere schöne Radtour ausklingen lassen.

FAZIT

Der Mainradweg ist ein wenig der Unscheinbare. Ohne Berge und bedeutende Naturspektakel schlängelt sich der Radweg am Fluss durch die Landschaft. Unterbrochen wird die Tour jedoch von den zahlreichen hübschen Ortschaften am Ufer.

GUT ZU WISSEN

VON: Bayreuth
BIS: Mainz
LÄNGE: zwischen 538 und 557 Kilometer
HÖHENMETER: ca. 3300
ETAPPEN: 8-10
MARKIERUNG: blau-grüne Quadrate mit dem eingezeichneten Verlauf des Mains
HÖCHSTER PUNKT: 678 Meter, Bischofsgrün (Weißer Main) bzw. 596 Meter, Haag (Roter Main)

DAS BRAUCHE ICH:
- ein handelsübliches Fahrrad ohne größere Ausstattung
- die Entscheidung, ob man am Weißen Main oder am Roten Main startet
- etwas mehr Zeit zur Besichtigung der vielen Städte

Abenteuerfaktor
Naturfaktor
Schwierigkeitsfaktor

Pausen-Panorama in Würzburg

Durch malerische Landschaft ans Meer

10

Auf dem Weserradweg radelt man vom Weserbergland nordwärts bis zur Nordsee. Unterwegs trifft man auf Dornröschen, auf den Baron von Münchhausen, auf den Rattenfänger von Hameln und noch auf weitere bekannte Figuren deutscher Märchen und Sagen. Auf dem gut ausgebauten Radweg mit seiner vorbildlichen Infrastruktur radeln wir außerdem an stattlichen Hausfassaden vorbei. Ihr Baustil ist nach dem Fluss benannt, den wir auf über 500 Kilometer begleiten.

Mit einem Kuss beginnt die Radreise entlang der Weser. Das steht zumindest auf dem **Weserstein** geschrieben: „Wo sich Werra und

Der Weserradweg
Durch malerische Landschaft ans Meer

Fulda küssen …" So beginnt die Geschichte der Weser, die nämlich offiziell keine eigene Quelle hat, sondern hier ihren Ausgang nimmt.

Und damit beginnt nicht nur unsere schöne Radtour durch das Weserbergland bis zum nördlichsten Punkt von Niedersachsen, sondern auch die Besichtigung zahlreicher Innenstädte, die vom Baustil der **Weserrenaissance** bestimmt werden. Dazu gehören zum Beispiel das am Rande der Altstadt von Hann. Münden gelegene Welfenschloss und vor allen Dingen das imposante Rathaus am Marktplatz. Es wurde im 14. Jahrhundert errichtet und im 17. Jahrhundert stark umgebaut, sodass es sich heute mit der Fassade der Weserrenaissance präsentiert.

Wir überqueren die **Werra,** halten uns links und sehen über das Wasser hinweg zu unserer Linken ein letztes Mal den Weserstein. Die Fahrt verläuft nun gemütlich durch das Wesertal in unmittelbarer Nähe des Flusses. Die bewaldeten Berghänge rechts und links des Weges gehören zu den Naturparks Münden und Solling Vogler. Auch die Bäume des **Reinhardswaldes** zeigen sich in voller Pracht. In dem Wald auf der linken Flussseite kämen wir zur beliebten **Sababurg,** die sich den Beinamen Dornröschenschloss

DER WESERRADWEG

INFO

Neben der Nationalhymne verfasste **August Heinrich Hoffmann von Fallersleben** auch berühmte Kinderlieder wie „Alle Vögel sind schon da" und „Ein Männlein steht im Walde".

verdient hat. Damit kommen wir auch gleich zum nächsten Thema entlang der Weser: Neben der Weserrenaissance steht die Radreise auch ganz im Zeichen der Märchen, Sagen und Legenden, wie wir im weiteren Verlauf noch feststellen werden.

Außerdem haben wir immer wieder auch die Möglichkeit, das Fahrrad im Tal stehen zu lassen und zu Fuß die **Berghänge** zu erklimmen, um von weiter oben den Blick schweifen zu lassen. Eine besonders gute Möglichkeit besteht dazu bei Bad Karlshafen. Dort, in den sogenannten **Hannoverschen Klippen** am rechten Flussufer, lädt der **Weser Skywalk** zu einer schwindelerregenden Aussicht ein. Der metallene Skywalk schwebt mehrere Meter über den Klippen und Baumwipfeln und gibt einen tollen Blick über das Wesertal frei. Auf dem Weg hinauf passiert man an der Straße das **Dreiländereck** von Hessen, Niedersachsen und Nordrhein-Westfalen.

Für einige Zeit wird die Weser nun zum Grenzfluss zwischen

Must see in Minden

MÄRCHENHAFT
Durch malerische Landschaft ans Meer **10**

den beiden letztgenannten Bundesländern. In welchem man sich gerade befindet, hängt davon ab, an welchem Flussufer man radelt. So kommt es auch, dass sich ein wenig flussabwärts bei Höxter der östlichste Punkt von NRW befindet, natürlich am linken Ufer der Weser. Doch wesentlich bedeutender ist dort natürlich das zwischen Ortsmitte und Weser gelegene **Kloster Corvey**. Die ehemalige Benediktinerabtei erhielt im Jahr 2014 den Schutzstatus der UNESCO. Doch nicht nur das Bauwerk als solches ist sehenswert, sondern auch der daneben liegende Friedhof. Dort liegt **Hoffmann von Fallersleben** begraben, dem wir den Text der deutschen Nationalhymne zu verdanken haben.

Holzminden ist bekannt als **Stadt der Düfte** und hat mehrere kleine Stelen aufgestellt, aus denen Aromen sprühen und an die Geschichte der Duftherstellung erinnern. So wurde in Holzminden zum Beispiel das künstliche Vanillinaroma erfunden.

> **DAS MACHT DIE TOUR EINZIGARTIG!**
> - Bauwerke der Weserrenaissance
> - Märchen, Sagen und Legenden
> - Zwei Hansestädte

Doch zurück zum Thema Sagen und Legenden. Weiter flussabwärts radeln wir einige Zeit bis Bodenwerder. Die Stadt steht ganz im Zeichen des **Lügenbarons von Münchhausen**. Der Mann, der auf einer Kanonenkugel und auf einem halben Pferd geritten sein will, kam in Bodenwerder zur Welt – ganz ehrlich. Mehrere Skulpturen im Ortszentrum und das Münchhausen-Museum erinnern an seine Lügengeschichten. Wir reiten anschließend auf unserem Drahtesel ebenfalls weiter. Wir radeln nach **Hameln** und folgen dort den Spuren des **Rattenfängers**. Nicht nur, dass wir hier dem nächsten Märchen Glauben schenken. Nein, mit dem Rattenfängerhaus stehen wir auch vor einem weiteren Bauwerk, das mit einer eindrucksvollen Fassade der Weserrenaissance glänzt.

Hinter Hameln weitet sich das Flusstal, zumindest für den Moment. Denn nach Norden hin wird der Flusslauf durch das Wesergebirge begrenzt, und der Fluss bahnt sich daher vorläufig seinen Weg in westliche Richtung. Dabei passiert er die Innenstadt von **Rinteln,** die sich mit einigen Fachwerkhäusern präsentiert,

DER WESERRADWEG

und kratzt auch am Stadtrand vom Kurort **Bad Oeynhausen**. Doch dann nimmt uns der Fluss mit bei seinem Durchbruch durch die Engstelle zwischen Wesergebirge zu unserer Rechten und **Wiehengebirge** auf der linken Seite. Hier lohnt es sich, kräftig in die Pedale zu treten, um bergauf zum Kaiser-Wilhelm-Denkmal zu radeln. Die Auffahrt wird mit einem tollen Fernblick über die Weserlandschaft belohnt.

Märchenhafte Landschaften

Damit lassen wir das Weserbergland hinter uns und radeln an der Altstadt von **Minden** vorbei zum nahegelegenen **Wasserstraßenkreuz**. Hier ist es spannend zu beobachten, wie die Weser von Brücken überspannt wird, die ebenfalls Wasserwege sind. Der Mittellandkanal quert die Weser an dieser Stelle in Ost-West-Richtung, über ein Schleusensystem sind die beiden Schifffahrtswege miteinander verbunden.

Zwischendurch passieren wir Hoya, wo sich der geografische Mittelpunkt von Niedersachsen befindet. Durch die Weserauen gelangen wir dann nach Bremen. Dort stehen Märchen und Weserrenaissance wieder im Einklang nebeneinander. Gleich neben dem historischen Rathaus, das in ebendiesem Stil zu sehen ist und zum Weltkulturerbe der UNESCO zählt, befindet sich beinahe unscheinbar die Skulptur der **Bremer Stadtmusikanten**.

Wir grüßen Esel, Hund, Katze und Hahn und radeln weiter unseres Weges. Die Weser wird nun deutlich breiter, und wir spüren schon den Einfluss der Nordsee. Das Möwengeschrei über uns und der Duft des Wattenmeeres ereilen uns spätestens in **Bremerhaven**. Dort lassen wir die Weser hinter uns, die nun in die Nordsee mündet. Unsere letzte Etappe auf dem Weserradweg ist identisch mit einem Teil des Nordseeküstenradwegs. An den Leuchttürmen von Wremen und der Wurster Nordseeküste vorbei, gelangen wir nach **Cuxhaven**. Am Wahrzeichen der Stadt, der Kugelbake, sind wir nicht nur am nördlichsten Punkt von Niedersachsen angelangt, sondern erhaschen wir auch einen Blick auf die von Hamburg kommende Elbe und können auf dem Elbradweg gleich weiter in Richtung Sächsische Schweiz radeln.

FAZIT

Der Weserradweg ist ein malerischer Flussradweg, der ein schönes Wechselspiel zwischen Märchenlandschaft und der Architektur der Weserrenaissance bildet.

GUT ZU WISSEN

10

VON: Hann. Münden
BIS: Cuxhaven
LÄNGE: 520 Kilometer
HÖHENMETER: ca. 1300
ETAPPEN: 8
MARKIERUNG: blau-grüne Schilder, die die Weserlandschaft symbolisieren
HÖCHSTER PUNKT: 122 Meter, Weserstein in Hann. Münden

DAS BRAUCHE ICH:
- ein handelsübliches Fahrrad ohne größere Ausstattung
- ein Märchenbuch
- etwas Kraft, um die Aussichtspunkte im Weserbergland zu erradeln

Abenteuerfaktor 🍼🍼🍼🍼
Naturfaktor ⛺⛺⛺⛺⛺
Schwierigkeitsfaktor ⚙️⚙️⚙️⚙️⚙️

Los geht's in Hann. Münden

Vorbildfunktion für Großstädte

Kreuzungsfrei durchs Ruhrgebiet

Für viele mag es kaum vorstellbar sein, dass man mit dem Fahrrad durch das Ruhrgebiet fährt. Umgeben von sechs Millionen Menschen und dichtem Straßenverkehr. Doch der Radschnellweg verläuft einmal quer durch den Pott, und das beinahe kreuzungsfrei und damit auch unabhängig vom motorisierten Verkehr.

Wo man seine Tour auf dem Radschnellweg im Ruhrgebiet beginnt, spielt zunächst mal keine Rolle. Entweder startet man in Mülheim und radelt in Richtung Essen oder umgekehrt. Es gibt keine touristische Wegführung mit speziellen Sehenswürdigkei-

Der Radschnellweg RS1
Kreuzungsfrei durchs Ruhrgebiet

ten am Wegesrand, die man in einer bestimmten Reihenfolge erfahren kann. Denn der Radschnellweg ist nicht als ein Weg zur Freizeiterholung in einer malerischen Landschaft konzipiert. Er soll vielmehr dazu dienen, die Städte des Ruhrgebiets, die wie **Perlen an einer Schnur** aufgereiht sind, zu verbinden.

Wenn der komplette Radschnellweg fertiggestellt ist, wird er die Möglichkeit bieten, von Duisburg über Mülheim, Essen, Gelsenkirchen, Bochum, Dortmund, Unna, Kamen und Bergkamen nach Hamm zu radeln. Auf dieser dann 100 Kilometer langen Trasse fährt man damit durch das größte Ballungsgebiet Deutschlands. Es ist nicht so, dass es im Ruhrgebiet sonst keine Radwege gibt. Da wären zum Beispiel die Radwege entlang des Rhein-Herne-Kanals und natürlich der Ruhrtalradweg. Doch diese dienen vielmehr der Erholung und sind meistens auch deutlich schmaler.

Der Radschnellweg ist nicht nur wesentlich breiter, sondern verläuft stellenweise neben einer **Bahntrasse** und bietet dadurch optisch nicht immer die Schönheiten der Region. Aktuell (Stand 2021) ist bisher der Abschnitt zwischen den beiden benachbarten Städten Essen und Mülheim an der Ruhr fertiggestellt. Ein Groß-

DER RADSCHNELLWEG RS1

teil davon verläuft auf der ehemaligen Bahntrasse der Rheinischen Bahn. Beginnen wir unsere Reise auf dem Radschnellweg Ruhr, kurz auch RS1 genannt, in der nördlichen Essener Innenstadt.

Zwischen Einkaufstempel und Universität starten wir in Richtung Westen und merken schon nach wenigen Metern, was der Radschnellweg bietet. Denn wir überqueren auf einer alten Eisenbahnbrücke die vierspurige Segerothstraße, ohne uns um diese kümmern zu müssen. Der Radschnellweg verläuft beinahe kreuzungsfrei durch das Ruhrgebiet, und genau das macht ihn aus. Da darf man auch gerne mal an weniger ansehnlichen Abschnitten entlangradeln. Die Hauptsache ist, man radelt. Und nicht nur das. Durch die Breite des Wegs kann man hier auch deutlich an Geschwindigkeit zulegen. Nicht umsonst wird daher gerne auch der Begriff **Radautobahn** genutzt, der inhaltlich natürlich falsch ist. Aber er verdeutlicht, um was es hierbei geht – um

> **INFO**
>
> **Mit Hügeln, Wald, einem See, Sport- und Spielplätzen ist der Krupp-Park der perfekte Ort für Freizeit an der frischen Luft.**

In Mülheim radelt es sich etwas höher

Kreuzungsfrei durchs Ruhrgebiet

eine zügige und gefahrlose Verbindung in einer dicht besiedelten Region.

Doch damit nicht genug. Der Radschnellweg bietet auch Ein- und Ausfahrten ähnlich einer Autobahn. Über Rampen gelangt man von dem etwas höher gelegenen ehemaligen Bahndamm bequem auf das niedriger gelegene Straßenniveau. So auch an der nächsten Brücke, die gleich mal die breite und viel befahrene Bundesstraße 224 überspannt.

Nach Überquerung des folgenden Berthold-Beitz-Boulevards gibt es dann doch Grund zur Freizeiterholung. Auf der linken Seite breitet sich der **Krupp-Park** aus, der in seinem nördlichen Teil, gleich neben der Radtrasse, mit einem kleinen See glänzt.

Und damit das nicht das einzige Gewässer bleibt, erreicht man nur wenig später den **Niederfeldsee,** der im Jahr 2014 künstlich angelegt wurde. Er ist Teil einer Maßnahme, die das Wohnumfeld in den letzten Jahren verbessert hat. Nicht verpassen sollte man am Niederfeldsee die für Radler ideale Einkehrmöglichkeit namens **Radmosphäre** auf der linken, südlichen Seite des Radwegs. Mit einem Stück Kuchen oder bei einer Tasse Kaffee kann man seine Fahrt auf dem Radschnellweg wunderbar unterbrechen und den Ausblick auf das Treiben rund um den See genießen.

DAS MACHT DIE TOUR EINZIGARTIG!
- Autobahn für Radler
- Mobilität der Zukunft
- Von Zentrum zu Zentrum

Am Radschnellweg gibt es aber auch Zuwegungen. So zum Beispiel an der Bundesstraße 224 der nördliche Abzweig in Richtung Bahnhof Essen-Altenessen oder kurz hinter dem Niederfeldsee der ebenfalls nach Norden abzweigende Weg zum S-Bahnhof Essen-Borbeck. Auch diese Wege verlaufen zum Teil auf ehemaligen Bahntrassen und kreuzungsfrei zwischen den Wohnvierteln der Großstadt hindurch.

Ein kleines Schild am Wegesrand macht wenig später darauf aufmerksam, dass man das Stadtgebiet wechselt. Essen liegt hinter uns, und nun rollen unsere Räder auf dem Gebiet von Mülheim an der Ruhr. Doch gleich an der Stadtgrenze gibt es einen

DER RADSCHNELLWEG RS1

weiteren Abzweig. Dieses Mal führt er nach links, also in Richtung Süden und gleichzeitig wieder nach Essen zurück. Es handelt sich um die Bahntrasse der **Grugabahn**, die an anderer Stelle dieses Buches beschrieben wird und bis zum Ruhrtalradweg in Essen-Steele verläuft.

Mit dem Erreichen des Mülheimer Stadtgebietes zeigt sich der Radschnellweg optisch ein wenig anders. Damit es ein reiner Radweg bleibt und keine Fußgänger den Weg queren, gibt es für Spaziergänger neben der asphaltierten Piste einen geschotterten Weg. Darüber hinaus wird der Weg nun auf der rechten Seite von einer Bahntrasse begleitet. Vier Gleispaare verlaufen parallel zum Radschnellweg, und so ist es nicht ungewöhnlich, dass man von einem ICE der Deutschen Bahn überholt wird.

Zwischendurch unterquert man die Autobahn 40, die **Hauptschlagader** des Ruhrgebietes für den motorisierten Verkehr. So trifft der Radschnellweg auf den Ruhrschnellweg, wie diese Autobahn inoffiziell bezeichnet wird. Auch hier gibt es wieder eine Ausfahrt, mit der man in die Straßen des Mülheimer Stadtteils Heißen gelangt.

Eine Besonderheit des RS1 ist an dieser Stelle aber auch das leichte **Gefälle.** Wir nähern uns nämlich dem Stadtzentrum von Mülheim, das sich direkt an der Ruhr befindet und damit etwas niedriger liegt. Es ist keine steile Abfahrt, dafür aber eine langgestreckte Talfahrt, auf der man auch als unkonditionierter Radfahrer deutlich an Geschwindigkeit zulegen kann.

Das vorläufige Ende des Radschnellwegs wird mit der Mülheimer Innenstadt eingeläutet. Auf einer Hochpromenade radelt man durch das Stadtzentrum. Jedoch mit gedrosselter Geschwindigkeit, da die Trasse hier deutlich schmaler ist und mit Sitzbänken zu einer kleinen Flaniermeile ausgestattet wurde. Dafür wurde aber speziell für Radler ein **Fahrrad-Aufzug** eingerichtet, den wir auf der linken Seite sehen. Mit diesem erreichen wir mühelos das Straßenniveau und sehen nur wenige Meter entfernt die Ruhrpromenade mit dem Ruhrtalradweg. Hinter dem Fahrrad-Aufzug können wir noch die Ruhr überqueren und auf dem neuesten Teilstück mit Beleuchtung und Fahrbahnmarkierung radeln. Wird der Radschnellweg in Zukunft komplett ausgebaut sein, so werden wir den Duisburger Stadtwald passieren, um zum Rheinufer zu gelangen.

FAZIT

Der Radschnellweg ist noch ausbaufähig, aber er ist ja auch noch nicht fertiggestellt. Die Abschnitte, die in Zukunft noch miteinander verbunden werden, machen aber bereits jetzt Lust auf mehr.

GUT ZU WISSEN

11

VON: Duisburg (nach Ausbau)
BIS: Hamm (nach Ausbau)
LÄNGE: 100 Kilometer
HÖHENMETER: ca. 12
ETAPPEN: 1
MARKIERUNG: keine
HÖCHSTER PUNKT: 56 Meter, Stadtzentrum Essen

DAS BRAUCHE ICH:
- Lust auf etwas Besonderes und Neues
- städtische Freude
- ein flottes Rad

Abenteuerfaktor
Naturfaktor
Schwierigkeitsfaktor

Von Menschenhand geschaffen

Pausieren und genießen

Im Auf und Ab durch das Voralpenland   **12**

Wer sich im Voralpenland entlang der grandiosen Bergkulisse fortbewegt, der weiß, dass man den einen oder anderen Höhenunterschied zu bewältigen hat. Autofahrer können dies auf der ähnlich verlaufenden Deutschen Alpenstraße erleben. Wir Radfahrer haben dafür etwas mehr an Kraft zu erbringen, nutzen dafür aber ruhigere Straßen. Zwischen den vielen sehenswerten Orten im Allgäu erstrecken sich überdies jede Menge Seen, die wir an ihrem Ufer erradeln. Und nicht zu vergessen bleiben natürlich die in der ganzen Welt bekannten bayerischen Schlösser, die wir unterwegs besichtigen.

Bodensee-Königssee-Radweg
Im Auf und Ab durch das Voralpenland

Wir sollten uns gleich auf den Weg machen. Der Bodensee-Königssee-Radweg ist zwar nicht außergewöhnlich lang. Doch einerseits ist er durch seine Steigungen herausfordernd und bietet ganz nebenbei zahlreiche Sehenswürdigkeiten auf engstem Raum. Andererseits: Die Bodensee-Insel **Lindau** mit ihrer schönen Altstadt ist vor der Radtour auf jeden Fall noch einen Besuch wert. So viel Zeit muss dann doch sein. Beim Anblick des Hafens und des Bodensees überkommt einen fast das Gefühl, man sei an der Nord- oder Ostsee. Wenn da nicht in der Ferne hinter dem anderen Ufer des Bodensees die Alpen in der Schweiz und in Österreich sichtbar wären.

Und die Ausläufer der **Alpen** sind es, die wir nun auf den nächsten Etappen kennenlernen werden. Es beginnt schon beim Verlassen von Lindau, wo wir von einer Höhe von rund 400 Metern beginnend langsam bergauf radeln. Vorerst ist es noch überschaubar, doch schon bevor wir die nächste größere Ortschaft erreicht haben, werden wir bei **Oberstaufen** kurzzeitig auf über 800 Höhenmetern geradelt sein. Doch bekanntlich folgt auf jede Steigung ein Gefälle. Während die einen sich darüber freuen,

BODENSEE-KÖNIGSSEE-RADWEG

> **INFO**
>
> Bayerns legendärer König Ludwig II. ließ **Schloss Neuschwanstein** ab 1869 bauen. Doch bevor es in seiner ganzen Pracht fertiggestellt war, kam er unter mysteriösen Umständen im heutigen Starnberger See zu Tode.

dass sie das Rad einfach rollen lassen können, ärgern sich andere wiederum, weil die Anstrengung für die Katz war. Das Allgäu bietet in dieser Hinsicht einen guten Kompromiss, denn kaum eine Abfahrt geht so tief wie die Steigung zuvor. So bleiben wir also hinter Oberstaufen vorläufig auf etwas mehr als 700 Höhenmetern und genießen die Landschaft am Ufer des **Großen Alpsees**. Wer nicht in Oberstaufen sein Nachtlager aufschlägt, kann dies nach rund 70 Kilometern in **Immenstadt** machen und am Abend durch die Stadt schlendern, auf die Berge blicken und seine Beine am Ufer der Iller vertreten.

Den Fluss überqueren wir am nächsten Tag und radeln weiter ostwärts mit Blick auf den 1738 Meter hohen **Grünten**. An seiner Nordflanke passieren wir ihn und radeln wieder sanft bergauf. Wir streifen kurz den **Rottachsee** und erreichen nach etwas mehr als 90 Kilometern den höchsten Punkt der Strecke. Bei der Ortschaft **Mittelberg** fehlen uns nur sechs Meter, bis wir die **1000-Meter-Marke** geknackt hätten. In einem engen Bogen geht es sanft

Startpunkt mit Blick auf die Schweizer Alpen

Im Auf und Ab durch das Voralpenland 12

hinab in das Tal der Wertach, wo wir an der Wertachmühle den Fluss überqueren und Nesselwang erreichen. Hier lohnt es sich, nicht gleich in den Ort hineinzuradeln, sondern an der Landstraße noch wenige Meter weiterzufahren. An dem dortigen Rastplatz hat man einen fantastischen Ausblick über das malerische Nesselwang hinweg bis zu den Alpengipfeln. Sehr dominant ist zum Beispiel der pyramidenförmige **Säuling,** der die Grenze zwischen Österreich und Deutschland markiert.

Diesen Berg werden wir einige Zeit später noch besser in den Blick fassen können. Dafür radeln wir an den Ufern von Hopfensee und Forggensee vorbei, um nach Füssen zu gelangen. Ein idealer Ort für eine weitere Übernachtung und vielleicht auch für einen Pausentag. Denn die Königsschlösser **Hohenschwangau** und **Neuschwanstein** liegen in unmittelbarer Nähe und wollen natürlich besichtigt werden.

DAS MACHT DIE TOUR EINZIGARTIG!
- Die fantastische Alpenkulisse
- Schloss Neuschwanstein
- Zahlreiche Seen

Alternativ bietet sich ein Waldspaziergang an, um zur Marienbrücke zu gelangen und mit einem Bild von Schloss Neuschwanstein eines der wohl klassischsten Fotomotive Deutschlands zu erhalten.

Der Bodensee-Königssee-Radweg bringt uns zum rummeligen Großparkplatz der beiden Schlösser und wenig später weiter am **Bannwaldsee** vorbei in Richtung Osten. Hinter Saulgrub verlieren wir deutlich an Höhe und gelangen in das Tal der **Loisach.** Denkbar wäre hier auch ein kleiner Umweg, bei dem wir zudem das malerische Oberammergau kennenlernen würden. Doch es kommen noch viele andere sehenswerte Orte. Hinter dem **Kochelsee** erwartet uns zum Beispiel das Kloster **Benediktbeuern,** das vermutlich schon in der ersten Hälfte des 8. Jahrhunderts gegründet wurde. Doch auch das folgende **Bad Tölz** erfreut uns natürlich mit einer sehenswerten Innenstadt, in der wir zugleich die Isar überqueren.

Dahinter geht es deutlich bergauf, aber wieder lohnt sich die Mühe. Denn wir erhaschen einen Blick auf den beliebten **Te-**

BODENSEE-KÖNIGSSEE-RADWEG

Heute ein König

gernsee und radeln am Ostufer des kleineren Schliersees entlang. Tipp: Am Südufer des **Schliersees** befindet sich ein kleiner Rastplatz, von dem aus man einen tollen Blick über den See mit seiner Wörthinsel bis zum gleichnamigen Ort genießt. Noch malerischer wäre übrigens der Spitzingsee, der uns aber durch seine Höhenlage noch weitere Kraft abverlangen würde. Daher bleiben wir der Beschilderung des Bodensee-Königssee-Radwegs treu und genießen ab Sonnenreuth die Abfahrt bis kurz vor **Bad Feilnbach**, wo wir auf gut sieben Kilometern über 300 Höhenmeter bergab radeln.

Wir überqueren den Inn, spüren den Einfluss des nahe gelegenen Chiemsees und durchqueren Traunstein, bis wir praktisch vor den Toren Salzburgs stehen. Doch die Mozartstadt muss mit einer Besichtigung unsererseits bis nach der Tour warten. Denn noch vor der Grenze zu Österreich radeln wir tief in die Gebirgslandschaft hinein. An der Saline von **Bad Reichenhall** atmen wir für den letzten Anstieg noch einmal tief ein und genießen den Anblick der Bergkulisse im südöstlichsten Teil Deutschlands. In **Berchtesgaden** schwenken wir den Lenker nach rechts und gelangen zum Zielort **Schönau am Königssee**. Hier, mitten im Nationalpark Berchtesgadener Land, beenden wir die Radreise und haben zahlreiche Möglichkeiten, die Natur rund um den **Watzmann** zu erkunden.

FAZIT

Der Bodensee-Königssee-Radweg ist zwar sportlich ein wenig herausfordernder als viele andere Radwege, bietet aber tolle Ausblicke auf die Alpenlandschaft und überrascht mit zahlreichen Seen.

GUT ZU WISSEN

12

VON: Lindau am Bodensee
BIS: Schönau am Königssee
LÄNGE: 418 Kilometer
HÖHENMETER: ca. 4500
ETAPPEN: 9
MARKIERUNG: rautenförmiges Schild mit Bergsilhouette und Fahrrad in Grün–Blau
HÖCHSTER PUNKT: 994 Meter, bei Mittelberg

DAS BRAUCHE ICH:
- ein leichtgängiges Fahrrad oder ein Pedelec für die Anstiege
- ein Fernglas, um die Berggipfel besser beobachten zu können
- einen Höhenmesser

Abenteuerfaktor 4/5
Naturfaktor 4/5
Schwierigkeitsfaktor 4/5

Die typische Lüftl-Malerei

Auf den Spuren von Götz von Berlichingen

RUNDTOUR 13

Wer gleich zwei Flüsse auf einmal befahren möchte, die in kurzer Distanz in einen anderen Fluss münden, der wird sich darauf einstellen, dass zumindest einer der beiden Flüsse bergauf geradelt wird. Aber gerade das macht diesen Rundkurs aus. Bei einem der beiden Flüsse geht es überwiegend bergab und bei dem anderen bergauf. Doch beide Gefälle erstrecken sich über viele Kilometer, sodass nur wenige knackige Anstiege übrig bleiben. Und das Schöne an dieser Tour ist, dass man starten kann, wo man möchte, und der Radweg in beide Richtungen gut befahrbar ist.

Der Kocher-Jagst-Radweg
Auf den Spuren von Götz von Berlichingen

Auf einem Radrundweg spielt es eigentlich keine Rolle, wo man beginnt. Man kann überall in die Tour einsteigen. Doch klassischerweise beginnt man den Kocher-Jagst-Radweg in der Ortschaft, die auch im Städteverzeichnis ziemlich weit am Anfang liegt – in **Aalen.** Die gemütliche Altstadt rund um die St. Nikolauskirche bietet sich als Ausgangspunkt gut an. Einen Blick sollten wir auf jeden Fall auf das Alte Rathaus werfen. Es wird von einem Turm gekrönt, an dem an allen vier Seiten das Ziffernblatt einer Uhr zu sehen ist. Über einem der Ziffernblätter sieht man das Konterfei des Spions von Aalen. Es ist die nach einem Brand letzte erhaltene Relieffigur am Rathausturm und gilt als Wahrzeichen der Stadt. Gleich nebenan befindet sich die Touristeninformation, die noch letzte Fragen zum Kocher-Jagst-Radweg klären kann, und schon kann es an der benachbarten Radgasse losgehen – wie passend. Alternativ kann man aber auch am Kocherursprung starten. Er befindet sich südlich von Aalen in der Nachbarortschaft Oberkochen.

Am östlichen Rand der Aalener Altstadt treffen wir aber auch unmittelbar auf den Kocher, der uns gemütlich durch den Stadtgarten aus der Stadt hinausbegleitet. Kaum haben wir Aalen ver-

DER KOCHER-JAGST-RADWEG

lassen, gelangen wir nach kurzer Zeit nach **Wasseralfingen,** wo wir einen Blick auf das aus dem 16. Jahrhundert stammende gleichnamige Schloss werfen. Es ist eines von mehreren Schlössern im Oberlauf des Kochers. Die Schlösser Fachsenfeld und Hohenstadt folgen auf den ersten 20 Kilometern des Radwegs, liegen aber ein kleines Stück abseits der Route. Der Anblick der herrschaftlichen Häuser lohnt aber die kleinen Abstecher. Sehr sehenswert ist aber auch die **Burg Niederalfingen,** die man vom Kocherufer aus erblicken kann und die sich malerisch auf einem Bergsporn erhebt.

Die Fahrt verläuft kurvenreich und in unmittelbarer Nachbarschaft zum Fluss, teilweise aber auch entlang der Bundesstraße, die sich ebenfalls durch das ansonsten sehr grüne Tal des Kochers zieht. In **Sulzbach-Laufen** nimmt der Fluss noch das Wasser des Eisbachs auf, und weiter geht es in nordwestliche Richtung. Hinter Westheim lassen wir den Fluss kurz alleine durch die Landschaft mäandern und radeln mit einer leichten Steigung auf di-

> **INFO**
>
> **Der streitlustige Ritter Götz von Berlichingen wurde 1480 im Jagsttal geboren. 1773 schuf ihm Dichterfürst Johann Wolfgang von Goethe mit seinem Schauspiel ein Denkmal.**

Aus- und Weitblicke

Auf den Spuren von Götz von Berlichingen — RUNDTOUR 13

rektem Weg etwas oberhalb des Kochertals. Kurz vor **Schwäbisch Hall** rollt es sich wieder bergab, und wir erreichen die erste größere Ortschaft nach unserem Start. 65 Kilometer liegen hinter uns, eine sehenswerte Altstadt vor uns. Also ein geeigneter Zeitpunkt, das Fahrrad abzustellen und sich ein Nachtquartier zu suchen. Am Abend belohnt ein Stadtrundgang zu den Baudenkmälern zwischen Kocherufer und St. Michaelskirche für die erste Etappe.

Der folgende Morgen macht es uns leicht, denn es geht weiterhin sanft bergab, und wir radeln ufernah durch die kleinen und oft unbekannten Ortschaften entlang des Kochers. **Künzelsau** hat einen etwas höheren Bekanntheitsgrad und besticht durch eine ebenfalls sehenswerte Altstadt, insbesondere mit dem im Fachwerkstil errichteten Rathaus, das sich über dem kanalisierten Künsbach befindet.

DAS MACHT DIE TOUR EINZIGARTIG!
- Götz von Berlichingen
- Zwei romantische Flusstäler
- Fast unbekannte Schlösser

In der kleinen Gemeinde **Sindringen** sind wir der Jagst schon sehr nahe, die beinahe parallel zum Kocher fließt und die wir schon bald näher kennenlernen werden. Doch noch folgen wir dem Kocher und erleben seinen Unterlauf, bis er bei **Bad Friedrichshall** in den Neckar mündet. Nur zwei Kilometer Luftlinie sind es von der Kochermündung zur Jagstmündung, und ein Katzensprung ist es dort bloß bis zur pittoresken Altstadt von Bad Wimpfen am gegenüberliegenden Ufer des Neckars. Die Radwegbeschilderung des Kocher-Jagst-Radwegs führt uns indes jetzt an der Jagst entlang. Das bedeutet aber zugleich, dass wir nun stets flussaufwärts und damit auch bergauf radeln. Den niedrigsten Punkt des Rundwegs an den beiden Flüssen haben wir naturgemäß an den **Flussmündungen am Neckar** erlebt.

Das soll uns aber nicht erschrecken, denn der Radweg an der Jagst macht es uns leicht. Da er sich über weite Strecken direkt am Fluss befindet, spürt man den langsamen Anstieg kaum. Auch entlang der Jagst wird unsere Radreise durch den Besuch gemütlicher Altstädte unterbrochen. So zum Beispiel in **Möckmühl**, wo sich die gleichnamige Höhenburg erhebt. Die wehrhafte Burg ist

DER KOCHER-JAGST-RADWEG

Kreativ und bunt

heute in Privatbesitz und kann daher nur von außen besichtigt werden. Bekannt wurde sie als Sitz von **Götz von Berlichingen,** der hier seine berühmt-berüchtigte Schimpftirade losließ.

Durch das romantische Jagsttal radeln wir völlig entspannt durch die Naturlandschaft und erreichen **Langenburg.** Während der Radweg unten im Tal bleibt, lohnt sich ein kurzer Abstecher hinauf in die kleinste Stadt Baden-Württembergs. Sie erstreckt sich mit dem gleichnamigen Schloss auf einem Bergsporn, der in das Jagsttal hineinragt und den Fluss zu einer Schleife zwingt. Das bedeutet aber, dass wir hierfür ein wenig in die Pedale zu treten haben. Schadet jedoch nicht und sollten wir als Übung betrachten, da der Radweg fortan kleinere Steigungen zu bieten hat.

Zwischendurch haben wir aber auch jede Menge Städtchen, in denen wir pausieren können. So zum Beispiel in **Crailsheim** oder in **Ellwangen (Jagst).** Letzteres bietet mit dem etwas höher gelegenen Schloss und den vielen Kirchtürmen ein sehenswertes Stadtbild. Gleich dahinter wird die Jagst zu einem See gestaut, und wir haben kurz vor Ende der Radreise eine ernst zu nehmende Steigung bei **Lauchheim** zu überwinden. Doch dafür werden wir mit dem Anblick des weit sichtbaren **Schlosses Kapfenburg** belohnt. Auch der höchste Punkt der Tour ist nicht mehr fern. Für uns bedeutet er den Abschied von der Jagst, denn auf den letzten zehn Kilometern geht es nun wieder hinab in das Tal des Kochers nach Aalen.

FAZIT

Gleich zwei Flussradwege auf einmal. Das bietet der Kocher-Jagst-Radweg mit einer schönen Rundkursstrecke durch eine liebliche und oft naturbelassene Landschaft.

GUT ZU WISSEN

VON: Aalen (empfohlen)
BIS: Aalen
LÄNGE: 332 Kilometer
HÖHENMETER: ca. 770
ETAPPEN: 5–7
MARKIERUNG: Schriftzug über grün-weißer Wellenlinie
HÖCHSTER PUNKT: 665 Meter, zwischen Lauchheim und Aalen

DAS BRAUCHE ICH:
- ein leichtgängiges Fahrrad ohne besondere Ausstattung
- nichts außer Genuss

Abenteuerfaktor
Naturfaktor
Schwierigkeitsfaktor

Fachwerk am Kocher

Ein Hoch auf die Reichsburg Cochem

Durch eine der berühmtesten Weinregionen **14**

Die Mosel gehört zu den berühmtesten Landschaften Deutschlands und lockt Reisende aus dem In- und Ausland. Zahlreiche Straußwirtschaften laden zu einem Umtrunk ein, Burgruinen erheben sich inmitten der grünen Weinberge, und römische Spuren im gesamten Tal zeigen, dass die Mosel schon vor 2000 Jahren beliebt war. Daher gibt es auf dem verhältnismäßig kurzen Radweg viel zu entdecken, und man sollte sich auch auf einige Spaziergänge abseits der Radstrecke einstellen. Es lohnt sich!

Wer den französischen Abschnitt der Mosel auslässt, der beginnt

Der Moselradweg
Durch eine der berühmtesten Weinregionen

seine Radtour in Perl am **Dreiländereck** von Deutschland, Frankreich und Luxemburg. Ansonsten kann man auch in Metz oder in Thionville starten und die Radreise damit um rund 70 Kilometer verlängern. Doch auch auf der deutschen Seite bleiben immer noch 240 Kilometer Radweg, die bis zur Mündung in den Rhein erradelt werden wollen. Ambitionierte bzw. sportlich geprägte Radler können diese Strecke auch an einem Tag zurücklegen, doch wir wollen uns natürlich zwischendurch auch ein wenig in den Ortschaften entlang der Mosel umsehen und auch mal in einer der Straußwirtschaften einkehren. Und nicht zu vergessen: Es gibt unterwegs etliches zu entdecken.

Gleich am Anfang beim Dreiländereck, das mitten im Wasser liegt, gibt es auf luxemburgischer Seite das **Europäische Museum in Schengen** zu sehen. Dass wir ohne Ausweiskontrolle ganz einfach über die Moselbrücke hinradeln können, liegt am Schengen-Abkommen, das genau hier auf einem Moselschiff beschlossen wurde und daher den Namen trägt. Genauso einfach radeln wir wieder zurück nach Deutschland und folgen nun dem Lauf des Flusses unmittelbar in Ufernähe. Auf der gegenüberliegenden Flussseite erstreckt sich noch Luxemburg bis zur Ortschaft **Wasserbillig**.

DER MOSELRADWEG

Kleine Weinorte durchqueren wir ab **Perl** und erreichen nach 40 Kilometern die erste größere Ortschaft entlang der Mosel. **Konz** ist allerdings mehr dafür bekannt, dass hier die Saar in die Mosel mündet, und steht auch ein wenig im Schatten des nun folgenden Trier, eine der ältesten Städte Deutschlands.

Für viele Radler beginnt die Radreise entlang der Mosel wegen der besseren Anbindung erst in der alten Römerstadt. Aber ob man nun hier startet oder ob man bereits auf der Fahrraddurchreise ist – für die Besichtigung von **Trier** sollte man sich unbedingt Zeit nehmen. Das Kirchenensemble vom Trierer Dom und der direkt angrenzenden Liebfrauenkirche gilt nicht umsonst als die Hauptsehenswürdigkeit der Stadt. Aber auch die **Porta Nigra** als Wahrzeichen Triers, die Konstantinbasilika, die Kaiserthermen und die vielen anderen Spuren der alten Römer sorgen für einen längeren Aufenthalt. Und selbst wer das zu ignorieren versucht und die Stadt schnell passieren will, kommt nicht umhin, bei der Vorbeifahrt einen Blick auf die **Römerbrücke** zu werfen, die als älteste Brücke Deutschlands bezeichnet wird und mit den römischen Baudenkmälern zum UNESCO-Weltkulturerbe gehört.

> **INFO**
>
> **Urig und lecker:** In ihren **Straußwirtschaften** direkt im Hof oder Weinkeller laden Winzer zur kulinarischen Pause ein.

Zwischen Mosel und Rhein

Durch eine der berühmtesten Weinregionen 14

Von Trier bis Schweich fahren wir auf der linken Moselseite, sind aber bald schon wieder am südlichen Ufer unterwegs und treffen hinter Riol mit der **Villa rustica** ein weiteres Mal auf römische Spuren. Die Mosel zieht ihre engen Schleifen durch die Landschaft, und wir folgen ihr. Der Radweg verläuft nämlich fast durchgängig direkt am Ufer, teilweise auch neben der Straße. Das Moseltal ist sehr eng und lässt nicht viel Platz, denn an beiden Seiten geht es gleich deutlich bergauf, und die Landschaft wird von den **Weinhängen** dominiert.

Gleichzeitig lohnt es sich aber auch, an manchen Stellen den Radweg zu verlassen und in einer dieser Weinlagen entweder zu Fuß hinaufzugehen oder kräftig in die Pedale zu treten. Das **Piesporter Tröpfchen** wäre so ein schönes Beispiel. Hier kann man nicht nur den gleichnamigen Weinort Piesport besuchen, sondern auch hinauf zum Moselpanorama wandern, um einen schönen Ausblick auf die Moselschleife zu genießen.

DAS MACHT DIE TOUR EINZIGARTIG!

- Faszinierende Flusslandschaft
- Römische Spuren
- Weinberge und Burgruinen

Ähnliches gilt auch für die **Burgruine Landshut**, von der aus man einen tollen Blick über das berühmte Städtchen Bernkastel-Kues hat. Um das liebliche Städtchen mit seinen zahlreichen Fachwerkhäusern rund um den Marktplatz zu besichtigen, ist allerdings keine Auffahrt notwendig. Wir radeln einfach unterhalb der Burg Landshut am Moselufer geradewegs in das Zentrum von **Bernkastel-Kues.** Wenig später gelangen wir nach Zeltingen-Rachtig, wo wir im Schatten eines modernen Bauwerks radeln. Die umstrittene **Hochmoselbrücke** überspannt in einer Höhe von 158 Metern das Moseltal und wurde im August 2018 fertiggestellt. Im folgenden Jahr wurde das beeindruckende Bauwerk für den Verkehr freigegeben.

Noch beeindruckender ist jedoch die Aussicht auf das Moseltal bei **Zell.** Hierfür folgen wir einigen engen Moselschleifen und lassen das Rad wieder unten im Ort stehen, um hinauf zum Collisturm zu wandern. Ähnliches gilt auch für **Bremm,** nachdem wir

DER MOSELRADWEG

Herrschaftszeiten in Trier

Alf und St. Aldegund am linken Moselufer durchquert haben. Dort befindet sich oberhalb der Ortschaft sogar ein Gipfelkreuz, von wo aus man einen tollen Ausblick auf eine der engen Moselschleifen genießen kann.

Wir bleiben zwar am linken, nördlichen Flussufer, doch bei Ellenz-Poltersdorf sollten wir wieder einmal vom Weg abkommen und mit der Fähre hinüber nach Beilstein fahren. Auch dieser Ort ist mit seiner **Burgruine Metternich** ein pittoreskes Reiseziel. Deutlich rummeliger geht es dagegen im folgenden **Cochem** zu. Der beliebte und belebte Moselort bietet von der Reichsburg natürlich auch wieder einen tollen Ausblick über die Stadt. Ganz nebenbei tut man sich schwer, in Cochem keine Einkehrmöglichkeit zu finden. Die Auswahl scheint fast grenzenlos.

Ab Cochem ist der Moselverlauf weniger schleifenartig, sondern nur noch sanft kurvig. So radeln wir am Unterlauf relativ flott nach **Treis-Karden** und Kobern, bis wir am Ende der Reise das **Deutsche Eck** in **Koblenz** erreicht haben. Auch hier lassen wir zum Abschluss der Tour das Rad stehen und steigen die vielen Stufen hinauf zum Reiterstandbild von Kaiser Wilhelm I. Vom Koblenzer Wahrzeichen aus haben wir eine tolle Aussicht auf die gegenüberliegende Festung Ehrenbreitstein und werfen zugleich einen letzten Blick auf die Mosel, die nun in den Rhein mündet.

FAZIT

Der Moselradweg verläuft durch ein enges Tal und daher oftmals auch direkt neben der Straße. Doch im Gegenzug wird viel Abwechslung geboten, und man sollte das Rad für Erkundungen abseits der Route auch mal stehen lassen.

GUT ZU WISSEN

14

VON: Perl
BIS: Koblenz
LÄNGE: 239 Kilometer
HÖHENMETER: ca. 2200
ETAPPEN: 3–5
MARKIERUNG: weißes M und Fahrradsymbol auf grünem Grund
HÖCHSTER PUNKT: 157 Meter, Perl

DAS BRAUCHE ICH:
- ein Fahrrad ohne besondere Ausstattung
- Zeit, um die Mosel aus den Weinbergen zu erleben
- noch mehr Zeit für Einkehr und Genuss

Abenteuerfaktor ●●○○○
Naturfaktor ●●●○○
Schwierigkeitsfaktor ●●●○○

Zur Mosel gehört der Wein

An der schönen blauen Donau

Sanfter Einstieg ins Radelglück

TRADITIONELL

15

Mit dem Donauradweg kann man einfach nichts falsch machen. Weltumradler mögen ihn belächeln, weil er mit einer guten Beschilderung, gepflegten Wegen und Bett-and-Bike-Übernachtungen eine tolle Infrastruktur bietet. Doch viele Weltumradler nutzen ihn auch gleichzeitig als Ausgangspunkt in Richtung Balkan und von dort weiter nach Asien. Daher ist Spott nicht angebracht. Für Radreise-Anfänger ist dieser Radweg auf jeden Fall der beste Einstieg. Und wer weiß, vielleicht radelt man direkt weiter – einmal um die Welt.

Der Donauradweg
Sanfter Einstieg ins Radelglück

Die Donau macht es mit einer gelungenen Infrastruktur Radfahrern grundsätzlich leicht, ihr zu folgen – vorausgesetzt, man hat ihren Ausgangspunkt gefunden. Zwar gilt **Donaueschingen** in Baden-Württemberg als Ursprung für die Donau, und hier starten wir daher zu Recht unsere Fahrt auf dem Donauradweg. Doch wo soll man beginnen, bei der großen Auswahl an Donauquellen? Die Donau entsteht aus dem Zusammenfluss der beiden Quellflüsse Breg und Brigach. Die Breg als Hauptzufluss entspringt aber viel weiter westlich bei Furtwangen. Die dortige Quelle wird zwar mit einer Inschrift als Donauquelle bezeichnet, doch der Radweg beginnt hier nicht. In einem weiten Bogen umfließt sie Donaueschingen und mündet östlich der Ortschaft in die Brigach. Auch dieser Punkt wird gerne als Quelle bezeichnet, denn ab hier trägt die Donau ihren Namen.

Doch die beliebteste **Donauquelle,** die in dieser Form auch als Sehenswürdigkeit dient, ist die gefasste Quelle des Donaubachs zwischen der Stadtkirche und dem Schloss Donaueschingen. Die im 19. Jahrhundert kunstvoll gestaltete Fassung ist eine Karstquelle. Der hier entspringende Donaubach fließt rund 100 Meter unterirdisch, um ein wenig weiter südlich in die Brigach zu ge-

DER DONAURADWEG

> **INFO**
> Das Wasser der unterirdischen Donau kommt rund 12 Kilometer weiter, im Aachtopf, wieder ans Tageslicht. Von dort fließt es in den Bodensee und weiter in den Rhein – ein Kuriosum innerhalb der Europäischen Wasserscheide.

langen. Gleichzeitig ist er nun Ausgangspunkt für eine Radtour entlang eines Stroms, der später in Rumänien ins Schwarze Meer münden wird.

Doch selbst wer nicht so weit radeln möchte, wird auf dem deutschen Anteil des Donauradwegs eine wunderbare Radreise erleben. Wir radeln flussabwärts nach Osten und überqueren auf einer kleinen Brücke die Breg. Wenn wir unseren Blick nach links wenden, sehen wir in rund 250 Meter Entfernung, wie Breg und Brigach ziemlich unscheinbar zusammentreffen. Dort ist der eigentliche Beginn der Donau.

Der Fluss ist noch zu schmal, um einen Radweg, beispielsweise auf einem historischen Treidelweg, direkt an seinem Ufer zu besitzen. Daher radeln wir zunächst nur in unmittelbarer Nähe durch die weiten Donauauen. Wer sein Zelt und seinen Schlafsack mit sich führt, wird sich kurz hinter Immendingen über den Radler-Zeltplatz freuen, der für kleines Geld eine ruhige und unkomplizierte Übernachtungsmöglichkeit bietet. Nachdem

Auch am späten Abend sehenswert: Passau

Sanfter Einstieg ins Radelglück 15

man das Zelt aufgeschlagen hat, sollte man noch einen kleinen abendlichen Spaziergang zur nahe gelegenen **Donauversinkung** unternehmen. An durchschnittlich 155 Tagen im Jahr versickert das Wasser der Donau, wobei das Flussbett dann komplett trockengelegt ist.

Ab **Tuttlingen,** der ersten größeren Ortschaft an der oberen Donau, verläuft der Radweg sehr nah am Fluss und durch ein wunderschönes, enges Tal hindurch. Dabei gelangt man nach Beuron, wo mit dem dortigen Benediktinerkloster eine bedeutende Sehenswürdigkeit am Donauufer zu besichtigen ist. Nicht weniger bedeutend geht es in Sigmaringen zu. Einen tollen Anblick genießt man dort nämlich vom Radweg auf das **Hohenzollernschloss Sigmaringen.** Das stolze und ehemals fürstliche Residenzschloss entwickelte sich aus einer Burg des 11. Jahrhunderts, die auf einem markanten Felsen errichtet wurde.

DAS MACHT DIE TOUR EINZIGARTIG!
- Wunschloses Radfahr-Glück
- Tadellose Infrastruktur
- Der höchste Kirchturm der Welt

Mehrmals überqueren wir auf dem Rad den Fluss und radeln durch viele kleine Ortschaften, die sich zum Teil unscheinbar am Ufer der Donau erstrecken. Bei Ehingen lohnt es sich, die Donau eine Zeit lang zu verlassen. Während der Fluss durch eine unspektakuläre Landschaft fließt, bietet sich weiter nördlich ein kleiner Umweg durch das **Blautal** an. Dieses wurde durch die Urdonau geschaffen, womit wir also dann doch nicht so ganz falsch liegen, und ist landschaftlich wesentlich reizvoller und bei Donauradlern daher sehr beliebt. Außerdem führt uns die Strecke durch **Blaubeuren,** wo das Flüsschen Blau in seiner pittoresken Quelle entspringt. Der Name Blautopf ist bei dem bläulich schimmernden Wasser Programm.

Die letzte Ortschaft auf baden-württembergischer Seite ist zugleich die bisher größte Stadt. Wenn wir der Blau folgen, gelangen wir nach **Ulm** und treffen dort wieder auf die Donau, in die die Blau mündet. Nach einem ausgiebigen Besuch der Altstadt und natürlich der Besteigung des **höchsten Kirchturms der Welt** geht es weiter in östliche Richtung an der nun bayerischen Donau entlang.

DER DONAURADWEG

Die Donauquelle

Die folgende Strecke ist vom **Schwäbischen Donaumoos** geprägt, das wir auf dem Radweg durchqueren. Dieses Naturschutzgebiet ist als Feuchtgebiet ein Standort zahlreicher Karstquellen und lädt auch zu einzelnen Wanderungen auf Holzbohlenwegen ein. Es erstreckt sich in etwa bis Donauwörth. Wenig später nimmt die Donau das Wasser der Lech auf und ist mittlerweile auch deutlich breiter geworden. Immer öfter verläuft der Radweg direkt am Ufer, und schon bald haben wir **Neuburg** an der Donau erreicht. Auch hier spiegelt sich wieder ein Schloss im Wasser der Donau. Der Strom umfließt hier die **Leopoldineninsel** mitten in der Donau, und am südlichen Ufer erstreckt sich die sehenswerte Altstadt von Neuburg. Nicht minder sehenswert ist natürlich die Altstadt von **Ingolstadt,** gerade einmal 18 Kilometer Luftlinie flussabwärts und auf dem Radfernweg wunderbar zu erreichen.

Unterbrochen wird die Radtour am Ufer durch eine der schönsten Sehenswürdigkeiten entlang der Donau. Bei Weltenburg, kurz vor Kelheim, befindet sich der Donaudurchbruch am gleichnamigen **Kloster Weltenburg.** Das Naturschutzgebiet ist ein Geotop und eine Engstelle im Donautal. Bis zu 80 Meter ragen hier die Felswände hoch, die nur Platz für das Wasser lassen. Keine Straße, kein Fußweg und auch kein Radweg führen hier durch. Nach einer Besichtigung des **Donaudurchbruchs,** die wir uns auf keinen Fall entgehen lassen sollten, bleibt daher nur der etwas beschwerlichere Weg über die bewaldeten Höhen, falls wir uns nicht von einem der zahlreichen Ausflugsschiffe bis Kelheim mitnehmen lassen wollen. Oberhalb Kelheims blicken wir auf die Befreiungshalle, radeln weiter durch das Donautal und gelangen nach **Regensburg,** wo uns die von der UNESCO als Weltkulturerbe geschützte Altstadt begrüßt und zu einem längeren Aufenthalt verlockt.

Kurz darauf radeln wir unterhalb der Walhalla bis Deggendorf, wo die Isar in die Donau mündet, und zum Abschluss der Donaufahrt auf deutschem Boden gelangen wir in die **Drei-Flüsse-Stadt Passau.** Inn, Ilz und Donau treffen am östlichen Ende der Altstadt aufeinander, und wir haben die Mutter aller deutschen Flussradwege zu Ende gebracht.

FAZIT

Der Donauradweg ist ein einfacher Flussradweg, der auch mit seiner Länge von rund 600 Kilometern für Anfänger ideal geeignet ist.

GUT ZU WISSEN

15

VON: Donaueschingen
BIS: Passau
LÄNGE: 600 Kilometer
HÖHENMETER: ca. 6000
ETAPPEN: 10-12
MARKIERUNG: stilisiertes Donautal mit blauer Donau und gelber Ortsilhouette auf grünem Grund
HÖCHSTER PUNKT: 680 Meter, Donaueschingen

DAS BRAUCHE ICH:
- ein handelsübliches Fahrrad ohne größere Ausstattung
- die Entscheidung, ob man einen Gepäcktransfer in Anspruch nimmt
- nicht viel, und genau das ist das Schöne am Donauradweg

Abenteuerfaktor
Naturfaktor
Schwierigkeitsfaktor

Imposantes Flusspanorama

Rhododendren, wohin man schaut

Durch das Biosphärenreservat in der Lausitz **16**

Wenn man von Fröschen spricht, denkt man entweder an Kermit oder an Gewässer. Letzteres trifft auf den Froschradweg in der sächsischen Lausitz zu. Das abendliche Quaken der Amphibien kommt von den zahlreichen Teichen und Seen, die in der Region ein wunderbares Biosphärenreservat bilden. Und wir und die Frösche sind mittendrin.

Ein winkender Frosch als Symbol für einen Radfernweg. Dem will man gerne folgen. Doch bei einem Rundweg stellt sich immer die persönliche Frage, wo man in die Tour einsteigen möchte. Verkehrstechnisch gut angebunden ist **Hoyerswerda,** die größ-

Der Froschradweg
Durch das Biosphärenreservat in der Lausitz

te Ortschaft entlang des Froschradwegs. Bevor wir gleich nach der Ankunft in der Stadt losradeln, sollten wir im Zentrum noch einen Blick auf das Schloss werfen, in dem heute das Stadtmuseum über die Vergangenheit der Region informiert.

Gleich nach Verlassen von Hoyerswerda in Richtung Nordosten sehen wir die ersten Gewässer entlang der Strecke. Die vielen Seen und Feuchtgebiete erklären von ganz allein den Namen des Froschradwegs. Dabei kommt das eigentliche UNESCO-Biosphärenreservat Oberlausitzer Heide- und Teichlandschaft erst auf einer späteren Etappe. Zuvor radeln wir an **Scheibsee** und **Bernsteinsee** vorbei und genießen die waldreiche Tour entlang der **Kleinen Spree.** Kurz vor ihrer Mündung in die eigentliche Spree wenden wir uns nach rechts und folgen der Hauptspree flussaufwärts. Wie schon auf der Radtour durch den Spreewald befinden wir uns auch hier in einer zweisprachigen Region. Die anerkannte Minderheit der Sorben fällt uns spätestens bei der zweisprachigen Beschriftung der Ortsschilder auf. So zum Beispiel in der Ortschaft Neustadt (Spree). Hier wurde sogar bis zum Ende des 19. Jahrhunderts ausschließlich Sorbisch gesprochen. So heißt zum Beispiel eine der Einkehrmöglichkeiten im Ort Zur

DER FROSCHRADWEG

Sorbenscheune. Sie befindet sich dort, wo einst eine **Schrotholzscheune** stand.

Wir lassen die Spree zunächst hinter uns, doch Wasser findet sich um uns herum immer wieder in verschiedenen Variationen, ob als Bach, Kanal oder See. Dazu gehört auch der **Rakotzsee**. Der Name Rakotz steht im Sorbischen für Krebs, doch was den See so faszinierend macht, ist die aus dem 19. Jahrhundert stammende **Brücke aus Basaltsteinen.** Sie überspannt den See bogenförmig und ist durch ihren Bogen, der sich im Wasser spiegelt, ein äußerst beliebtes Fotomotiv. In den üblichen sozialen Netzwerken taucht diese Brücke daher immer wieder als Bildmotiv auf. Sowohl die Rakotzbrücke als auch der See gehören zum Azaleen- und Rhododendronpark Kromlau. Hier lohnt sich die Anreise vor allen

> **INFO**
>
> **Die Waldeisenbahn Bad Muskau** fährt mit einer Spurweite von 600 Millimetern. 1895 zuerst als Pferdebahn gebaut, wurden noch im selben Jahr Dampfloks in Betrieb genommen.

Zwischendurch mal zu Fuß genießen

Durch das Biosphärenreservat in der Lausitz

16

Dingen zur Blütezeit der zahlreichen Rhododendren im April und Mai bzw. zu Pfingsten, wenn das **Park- und Blütenfest** veranstaltet wird.

Wer will, kann hier übrigens auch sein Gefährt wechseln. Anstatt mit dem Fahrrad kämen wir auch mit der Waldeisenbahn zu unserem nächsten Ziel nach Bad Muskau. Die **Museumseisenbahn** fährt mit ihrer Dampflokomotive durch eine waldreiche Landschaft und lässt dabei Nostalgie aufkommen. Für Eisenbahnfans ist die Mitfahrt ein absolutes Muss. Zwar können Fahrräder begrenzt mitgenommen werden, doch ist eine erlebnisreiche Hin- und Rückfahrt auch an einem Tag möglich, sodass man das Fahrrad stehen lassen kann.

Die kürzere und schnellere Route ist zweifellos die Radstrecke, die jedoch mehr unter der Sonne als unter Baumkronen nach Bad Muskau verläuft. Dort sollten wir unbedingt pausieren oder gar übernachten, um am Nachmittag noch den **Fürst-Pückler-Park** zu besichtigen.

DAS MACHT DIE TOUR EINZIGARTIG!

- **Museumseisenbahn und Ranger**
- **Die Ruhe der Lausitz**
- **Biosphärenreservat und Weltkulturerbe**

Der vom Neuen Schloss geprägte Landschaftspark wurde im Jahr 2004 von der UNESCO zum Weltkulturerbe erhoben und erstreckt sich über die deutsch-polnische Grenze in unser östliches Nachbarland. Denn mit **Bad Muskau** haben wir die Neiße als Grenzfluss zwischen den beiden Staaten erreicht. In südliche Richtung folgen wir also nunmehr nicht mehr nur dem winkenden Frosch, sondern auch dem ebenfalls in diesem Buch beschriebenen Oder-Neiße-Radweg.

Nach einer kurzen Einkehr in der Radlerklause in Sagar radeln wir südwärts dem Lauf der Neiße entgegen und genießen dabei die einsame und ruhige Landschaft. Nach einer weitläufigen Umrundung des kleinen **Flugplatzes Rothenburg** radeln wir ein letztes Mal zur Neiße, verabschieden uns von ihr und machen uns daran, die Gewässer des **Biosphärenreservats** zu erkunden. Wir durchqueren das kleine Örtchen Niesky und radeln südlich von Jänkendorf auf einem Damm zwischen mehreren Teichen entlang.

Am Olbasee entlang gelangen wir nach Wartha, wo sich das

NATUR PUR
DER FROSCHRADWEG

Schloss Bad Muskau im Fürst-Pückler-Park

Haus der Tausend Teiche befindet. Es informiert mit ständig wechselnden Ausstellungen über Flora und Fauna des Biosphärenreservats, dazu gehören natürlich auch die Frösche, nach denen unser Radweg benannt wurde. Außerdem werden von den hiesigen **Rangern** verschiedene Führungen rund um die Seen, Teiche und durch die grüne Landschaft angeboten. Neben den vielen Teichen und Seen, die wir kennenlernen, überqueren wir aber auch wieder die schmale Spree und radeln waldreich weiter auf dem Froschradweg. Auch kulturell wird uns einiges geboten, so zum Beispiel mit dem **Schloss Milkel** inklusive Schlosspark und dem **Barockschloss in Neschwitz**. Der Froschradweg bietet uns also allerhand Abwechslung, auch auf den letzten Kilometern, wenn wir die Ortschaften Bernsdorf und Wittichenau durchqueren, wo wir auf dem Marktplatz ein letztes Mal eine Rast einlegen, um kurz darauf unseren Ausgangspunkt in Hoyerswerda zu erreichen.

FAZIT

Auch weit im Landesinneren können wir viel Wasser erleben. Seen, Teiche, Flüsse und Bäche begleiten den Radweg, der passenderweise nach einer Amphibie benannt wurde.

GUT ZU WISSEN

VON: Hoyerswerda
BIS: Hoyerswerda
LÄNGE: 260 Kilometer
HÖHENMETER: ca. 1500
ETAPPEN: 4–5
MARKIERUNG: ein winkender Frosch
HÖCHSTER PUNKT: 280 Meter, bei Hohendubrau

DAS BRAUCHE ICH:
- ein Fahrrad ohne besonderer Ausstattung ist ausreichend
- ein Lexikon über Amphibien
- eine Kamera, um die beliebte Rakotzbrücke zu fotografieren

Abenteuerfaktor: 3/5
Naturfaktor: 4/5
Schwierigkeitsfaktor: 3/5

Blütenpracht-Radeln

MALERISCH

Vom Rothaargebirge an den Rhein

17

Auf dem Lahntalradweg gibt es fast nur eine Richtung. Und die lautet: bergab. Mit nur einer einzigen kleineren Steigung verläuft die Radtour von 600 Höhenmetern hinab bis zur Mündung in den Rhein. Dazwischen erwarten uns die malerischen Altstädte von Marburg, Wetzlar, Weilburg und Limburg. Auf der relativ kurzen Strecke sind damit zahlreiche Übernachtungsorte vorhanden. Einmalig auf dem Radweg sind der Blick in einen Schiffstunnel in Weilburg und das Zählen von Kirchtürmen. Am Limburger Dom wird man dabei den Deutschlandrekord kennenlernen.

Der Lahntalradweg
Vom Rothaargebirge an den Rhein

Mitten im Rothaargebirge, wo Wanderer zum letzten Drittel auf dem Rothaarsteig aufbrechen, setzen wir uns fest in den Sattel und folgen dem Lauf der Lahn. Der 245 Kilometer lange Fluss entspringt am Forsthaus Lahnquelle auf dem **Lahnkopf**. Die als Lahntopf bezeichnete Quelle wurde früher als Feuerlöschteich genutzt und dient uns heute als malerischer Startpunkt für die Tour entlang des Flusses. Bevor wir auf den Radweg fahren, der übrigens genauso viele Kilometer hat wie der Fluss selber, können wir natürlich noch gemütlich einkehren. Mit über **600 Metern Höhe** werden wir an keinem Ort der Strecke mehr höher sein. Es geht also im Rothaargebirge bergab.

Und um vielleicht noch eine Zahl mit auf den Weg zu geben: Die Lahnmündung ist gerade einmal 79 Kilometer Luftlinie vom Lahntopf entfernt, und zwar in südwestlicher Richtung. Doch der Fluss hat sich dazu entschlossen, zunächst einmal genau in die **entgegengesetzte Richtung,** nämlich nach Nordosten zu fließen. Wir machen es ihm gleich und lassen das Rad auf der sogenannten Lahn-Ferienstraße bergab durch den Wald rollen. Entspannt radeln wir durch Orte wie Feudingen und Bad Laasphe, wo wir weitere Einkehrmöglichkeiten finden. Im folgenden Biedenkopf thront über der Altstadt mit ihren zahlreichen Fachwerkhäusern

DER LAHNTALRADWEG

das gleichnamige Schloss auf einem bewaldeten Hügel. In dem aus dem 14. Jahrhundert stammenden Bauwerk ist heute das **Hinterlandmuseum** untergebracht. Mit Hinterland wird die historische Region rund um Biedenkopf bezeichnet, die wir gerade auf dem Fahrrad kennenlernen.

In **Cölbe** haben wir den östlichsten Punkt der Radtour erreicht. Dort, wo das Flüsschen Ohm in die Lahn mündet, schlägt unser Fluss nun langsam die Richtung ein, die uns näher an die Mündung in den Rhein bringt. Doch zuvor erreichen wir gleich im Anschluss die Stadt Marburg. Mit einer Etappenlänge von rund 65 Kilometern ist die Universitätsstadt ein idealer Ort für die erste Übernachtung. Am Abend bleibt dann noch genug Zeit, vom Lahnufer aus zu Fuß durch die Gassen der gemütlichen Oberstadt bis hinauf zum **Landgrafenschloss** zu spazieren. Zahlreiche sehenswerte Bauwerke erheben sich in Marburg, von denen man die meisten an der Befestigungsmauer rund um das Schloss erspäht, wenn man seinen Blick über die Dächer von Marburg schweifen lässt. Einen Teil des Höhenunterschiedes in der Marburger Altstadt kann man übrigens auch mit **öffentlichen Fahrstühlen** zurücklegen. Doch sportlich, wie wir sind, brauchen wir diese nicht.

> **INFO**
> „Wenn ich Lahn seh, krieg ich Zahnweh": In solchen und ähnlichen Sprüchen fand der Widerstand gegen die Zusammenlegung von Gießen und Wetzlar ihren Ausdruck.

Vom Rothaargebirge an den Rhein

Daher geht es am nächsten Morgen auch gleich weiter in Richtung Süden. Durch das nun weitere Lahntal, das mittlerweile mehr von Landwirtschaft geprägt ist, während nur noch die umliegenden Kuppen bewaldet sind, radeln wir noch bis Mittag nach Gießen. In den 1970er-Jahren war Gießen nur ein Stadtteil der Stadt Lahn, als Gießen und Wetzlar zu eben dieser Stadt zusammengeschlossen wurden. Doch der Unmut der Bürger führte dazu, dass die Stadt Lahn nur 31 Monate Bestand hatte, wieder aufgelöst wurde und Wetzlar sowie Gießen wieder eigenständig sind. Auch wenn es eher ein Kuriosum in der Geschichte ist, so ist die grundsätzliche Idee einer gemeinsamen Stadt jedoch nachvollziehbar. Denn auf dem Fahrrad sind wir weniger als eine Stunde unterwegs, und schon kommen wir von der Gießener Innenstadt zur Altstadt von Wetzlar.

Die Wetzlarer Altstadt mit ihren Fachwerkhäusern und

DAS MACHT DIE TOUR EINZIGARTIG!

Die Altstädte von Marburg und Wetzlar

Der Limburger Dom

Der einzige Schiffstunnel Deutschlands

Ausblick auf Bad Ems

DER LAHNTALRADWEG

dem Dom erstreckt sich am südlichen Ufer der Lahn und sollte nicht verpasst werden. Aber auch die **Alte Lahnbrücke** ist mit ihren sieben Bögen ein Blickfang und entgeht uns nicht, wenn wir durch Wetzlar radeln. Über eine kleine Fußgängerbrücke überqueren wir jedoch einen ganz anderen Fluss, die **Dill** nämlich, die westlich der Wetzlarer Altstadt in die Lahn mündet. Daher begleiten wir beim Verlassen von Wetzlar für wenige Meter nicht die Lahn, sondern sind kurz am Ufer der Dill unterwegs.

Viele kleine Ortschaften erwarten uns entlang der weiteren Wegstrecke, doch besondere Aufmerksamkeit verlangt **Weilburg**. Die ehemalige Residenzstadt des Hauses Nassau erhebt sich malerisch in einer engen Schleife der Lahn. Der Fluss umrundet die Altstadt von Weilburg beinahe komplett. Daher gibt es hier **drei Tunnel,** durch die man den Lauf der Lahn abkürzen kann. Neben dem Straßen- und dem Eisenbahntunnel ist der im Jahr 1847 gebaute **Schiffstunnel** jedoch einmalig in Deutschland. Auf fast 200 Metern Länge wird der Mühlberg auf dem Wasser unterquert. Allerdings gibt es mittlerweile keine nennenswerte Lahnschifffahrt mehr, weshalb der Tunnel überwiegend von Wassersportlern genutzt wird. Der Lahntalradweg verläuft indes ohne Tunnel entlang der Lahnschleife um die Altstadt herum. Dabei bietet es sich unbedingt an, auch dem Schloss Weilburg einen Besuch abzustatten.

Auch in **Limburg** erwartet uns der Besuch einer gemütlichen Altstadt. Bekannt ist die Ortschaft vor allen Dingen für den weithin sichtbaren Limburger Dom, der stolz oberhalb der Altstadt auf einem Kalkfelsen thront. Der Dom hält dabei den deutschen Rekord an Kirchtürmen: Mehr als diese sieben **Türme** kann keine andere Kirche im Land vorweisen.

Hinter Limburg wird das Lahntal wieder deutlich enger. So eng sogar, dass wir mit dem Fahrrad das Tal verlassen müssen. 200 Höhenmeter überwinden wir bei Holzappel und genießen dafür wieder die Abfahrt hinab ins Tal, wenn der Radweg dort weitergeführt wird. Es ist die einzige nennenswerte Steigung auf der gesamten Strecke. **Nassau** und **Bad Ems** sind die beiden letzten Ortschaften vor **Lahnstein,** wo der Fluss in den Rhein mündet und unsere Radtour im Schatten von Burg Lahneck und Schloss Stolzenfels ihr Ende findet.

FAZIT

Eine schöne, gemütliche Radtour, die im Gebirge beginnt und uns mehrere sehenswerte Altstädte erleben lässt. Neben dem Dom von Limburg und Wetzlar ist der Schiffstunnel in Weilburg ein architektonisches Highlight entlang der Route.

GUT ZU WISSEN

VON: Lahntopf bei Netphen
BIS: Lahnstein
LÄNGE: 245 Kilometer
HÖHENMETER: ca. 2200
ETAPPEN: 3–5
MARKIERUNG: grünes Fahrrad auf weißem Grund und mit Beschriftung des Radwegs
HÖCHSTER PUNKT: 603 Meter, Lahnquelle

DAS BRAUCHE ICH:
- ein Fahrrad ohne besondere Ausstattung
- Muße
- ein Kanu, um den Schiffstunnel von innen zu erleben

Abenteuerfaktor 🍶🍶🍶🍶🍶
Naturfaktor ⛺⛺⛺⛺⛺
Schwierigkeitsfaktor ⊚⊚⊚⊚⊚

Zum Abschluss wartet Burg Lahneck

Gemütliche Landschaft, die viel Ruhe verspricht

ACHTSAMKEIT

Prähistorische Gelassenheit **18**

Der langsamste Fluss Deutschlands ist die Altmühl, und es scheint, als würde ihre Gelassenheit auf die Umgebung abfärben. Das Altmühltal gehört zu den unterschätzten Regionen Deutschlands. Es gibt keine hohen Berge, keine schwindelerregenden Hängeseilbrücken und auch keine Aussichtstürme, die sich gegenseitig übertreffen wollen. Hier geht es gemächlich zu, und man besinnt sich noch auf die lange Geschichte der Entstehung der Region. Das Stichwort, auf das man immer wieder trifft, lautet Jura. Das frühgeschichtliche Zeitalter ist überall präsent und prägt die Radreise entlang der Altmühl. Lassen wir es daher ruhig und gemächlich angehen.

Der Altmühltalradweg
Prähistorische Gelassenheit

Normalerweise müsste man diese Radreise in der Vorweihnachtszeit beginnen. Denn dann präsentiert sich der Ausgangspunkt des Altmühltalradwegs in seiner schönsten Pracht. Zahlreiche Stände bilden dann in der ohnehin schon sehr malerischen Altstadt von **Rothenburg ob der Tauber** einen tollen Weihnachtsmarkt, während in den Backstuben die original Rothenburger Schneeballen aus Mürbeteig produziert werden und das Weihnachtsmuseum neben dem Käthe-Wohlfahrt-Weihnachtsdorf seinen größten Zulauf hat. Doch genug der weihnachtlichen Gedanken. Wir wollen radeln und wenn möglich, bei schönem und warmem Wetter. Dennoch sollte man sich vor der Tour einen Rundgang durch die Altstadt nicht entgehen lassen. Immerhin kommen Besucher aus der ganzen Welt nach Mittelfranken, um den romantischen Ort kennenzulernen. Besonders das sogenannte **Plönlein** ist mit seinem mittelalterlichen Stadtbild ein beliebtes Fotomotiv. Spannend ist aber auch der Rundgang auf der langen und gut erhaltenen Stadtmauer.

Damit startet die Radtour auf dem Altmühltalradweg gleich mit einem faszinierenden Altstadtbesuch. Der Name der Stadt verrät aber auch gleichzeitig, dass hier nicht die Altmühl verläuft,

DER ALTMÜHLTALRADWEG

> **INFO**
> Gottfried Heinrich Graf zu Pappenheim galt im Dreißigjährigen Krieg als unerschrockener Kämpfer. Der auf Wallenstein zurückgehende Ausspruch „Ich kenne meine Pappenheimer" war damals eine absolute Tapferkeitsauszeichnung.

sondern die Tauber. Daher verlassen wir Rothenburg ob der Tauber auf dem hier bereits ausgeschilderten Radweg nach Osten und kommen wenig später nach Hornau, wo wir zum ersten Mal auf die Altmühl treffen. Lange Zeit galt der Hornauer Weiher als Quelle der Altmühl. Dieser wird aber von mehreren Bächen gespeist, und so wurde einer der Bäche mittlerweile als Altmühlquelle festgelegt. Wer diese sehen möchte, radelt rund zwei Kilometer nach Norden in den Wald hinein.

Ansonsten folgt der Radweg dem noch jungen Flüsschen durch eine von Landwirtschaft geprägte Landschaft. In seinem Oberlauf mäandert er stark und ist lange Zeit so schmal, dass er weniger breit wäre als ein Radweg, der direkt neben ihm verlaufen würde. Daher sind wir überwiegend auf kleinen Landwirtschaftswegen in der Nähe unterwegs.

Dieses pittoreske Bild eines schmalen Wasserlaufs, gerahmt von zwei Wiesenufern, ändert sich jedoch schlagartig ab Orn-

Einkehr mit Radlerterrasse

ACHTSAMKEIT
Prähistorische Gelassenheit 18

bau. Hier radeln wir direkt am Ufer des bis zu 50 Meter breiten Altmühlzuleiters. Der Kanal entstand in den 1970er-Jahren und dient zur Wasserregulierung zwischen Fluss und dem nun folgenden **Altmühlsee.** Den Stausee passieren wir an seinem Nordufer, wo uns eine Holzbrücke zugleich auf eine Insel bringt. Das Rad lassen wir stehen und genießen von einem **Aussichtsturm** den Blick auf die weitläufige Insellandschaft im Altmühlsee, die von zahlreichen Vogelarten dominiert wird.

Mehrere ruhige Straßen rund um den Marktplatz von **Gunzenhausen** laden dazu ein, das Fahrrad zu schieben und gemütlich durch den Ortskern zu flanieren. Dabei blicken wir auch auf den Blasturm, das letzte Stadttor Gunzenhausens, das 33 Meter in die Höhe ragt.

DAS MACHT DIE TOUR EINZIGARTIG!
- Deutschlands langsamster Fluss
- Spuren der Jura-Zeit
- Der Mittelpunkt von Bayern

Zwar ist die Altmühl mittlerweile ein wenig breiter geworden, doch wir radeln hinter Gunzenhausen weiter auf Landwirtschaftswegen in unmittelbarer Nähe zum Fluss. Dabei passieren wir Ortschaften wie Gundelsheim und gelangen nach **Treuchtlingen.** Hier beginnt der wohl schönste Abschnitt des Fernradwegs, von manchen auch als **Königsetappe** bezeichnet. Das Tal der Altmühl ist nun gesäumt von grünen Hängen, auf denen der Wacholder wächst und an denen bizarre Felsformationen zu sehen sind. Nur eine kurze Fahrt ist es bis **Pappenheim.** Hier wartet abseits der Altstadt direkt neben dem Fluss eine sehenswerte Weidenkirche.

Der Fluss schlängelt sich weiter durch das enge Tal und nimmt uns mit nach Solnhofen, wo wir gleich östlich des Ortes auf die Felsengruppe der **12 Apostel** treffen. Diese zwölf Felsen bestehen aus Kalkstein und entstanden als ehemaliges Riff eines urzeitlichen Jurameeres. Zahlreiche weitere Sehenswürdigkeiten im Naturpark Altmühltal bringen uns ebenfalls immer wieder auf das Thema des Jurazeitalters. Die 12 Apostel gelten jedoch als eine der Jura-Hauptsehenswürdigkeiten entlang der Altmühl.

Hinter **Dollnstein** wird das Tal wieder etwas breiter, was auf die Urdonau zurückzuführen ist. Auch südlich von Dollnstein er-

DER ALTMÜHLTALRADWEG

streckt sich ein Tal, als Wellheimer Trockental bezeichnet, das im Zusammenhang der Donau entstanden ist.

Das Altmühltal und unser Radweg bilden zwei weite Schleifen, durch die wir **Eichstätt** erreichen. Eichstätt gilt als der Hauptort des Naturparks Altmühltal und bietet ein **Jura-Museum,** in dem wir weitere interessante Informationen über die Entstehung der Region erhalten. Es ist in der **Willibaldsburg** untergebracht, die auf einem Bergsporn errichtet wurde und von der aus man daher einen wunderbaren Ausblick auf die Stadt werfen kann. Die Altstadt von Eichstätt sollte man natürlich auch aus der Nähe betrachten. Sie bietet zahlreiche historische Bauten rund um den Residenzplatz mit der Mariensäule und der ebenfalls herausragenden fürstbischöflichen Residenz, die im Barockstil erbaut wurde.

Viele kleine Dörfer durchqueren wir auf dem weiteren Weg durch das ruhige Altmühltal. Eines davon, nämlich Kipfenberg, bildet den geografischen **Mittelpunkt Bayerns.** Die Markierung hierfür befindet sich etwas abseits südöstlich des Ortes an einem kleinen Rastplatz mitten im Wald. Auch Beilngries gehört zu den Ortschaften, die man als überschaubar und gemütlich bezeichnen könnte. Sie wird geprägt vom höher gelegenen Schloss Hirschberg und der St. Walburga-Kirche, die mit ihren grünen, ziegelgedeckten Kirchtürmen sofort ins Auge fällt.

Ab Dietfurt ändert sich das Bild der Altmühl wieder schlagartig. Der Abschnitt bis zur Mündung in die Donau wurde im letzten Jahrhundert zum **Main-Donau-Kanal** umgestaltet. Daher ist das Gewässer nun deutlich breiter, und wir überholen nun auch das ein oder andere Frachtschiff. Das Tal selber wird nun wieder enger, wir radeln direkt am Ufer entlang.

Sehenswert sind auf dem letzten Abschnitt unserer Radreise zum Beispiel die **Burg Prunn**, die hoch über dem Tal an einer schroffen Felswand errichtet wurde, und die ungewöhnliche **Holzbrücke Tatzelwurm.** Sie war bei ihrer Fertigstellung im Jahr 1986 für zwei Jahrzehnte die längste Holzbrücke Europas. Die Brücke ist aber zugleich das Zeichen, dass unsere Radreise so langsam zu Ende geht. Wenig später mündet die Altmühl bzw. der Main-Donau-Kanal in die Donau. Doch halt, Fahrrad-Enthusiasten wissen natürlich, dass es an der Donau in beide Richtungen auf einem Radweg weitergeht.

> **FAZIT**
>
> **Der wohl gemütlichste Radweg Deutschlands verläuft passenderweise am langsamsten Fluss des Landes. Hier gibt es keine spektakulären Sehenswürdigkeiten mit irgendwelchen Höhen- oder Größenrekorden. Hier ist es einfach nur schön.**

GUT ZU WISSEN

18

VON: Rothenburg ob der Tauber
BIS: Kelheim
LÄNGE: 243 Kilometer
HÖHENMETER: ca. 1300
ETAPPEN: 4-6
MARKIERUNG: grün-gelbes Schild mit symbolisiertem Radfahrer und Fossilien
HÖCHSTER PUNKT: 435 Meter, Rothenburg

DAS BRAUCHE ICH:
- ein Fahrrad ohne besondere Ausstattung
- Interesse an Geologie und urzeitlichen Fossilien
- Lust auf Entschleunigung

Abenteuerfaktor 🍾🍾🍾
Naturfaktor ⛺⛺⛺
Schwierigkeitsfaktor ⚙⚙⚙

Im Altmühltal gibt es auch Seen

Aachens charmante Altstadt

Grenzenloses Radeln in Europa

Im vereinten Europa ist grenzenloses Radeln möglich. Das beweist die Vennbahntrasse, die zwar in weiten Teilen zu Belgien gehört, aber durch Deutschland führt und uns schließlich in den Norden von Luxemburg bringt. Dabei blicken wir auf die Eifel und haben die Möglichkeit zu einem Abstecher ins Hohe Venn.

Zugegeben, die Vennbahntrasse gehört von den reinen Fakten her eigentlich gar nicht so recht in dieses Buch, in dem es um die schönsten Radtouren in Deutschland geht. Nur ein sehr kleiner Abschnitt der Strecke befindet sich auf deutscher Seite, und selbst

Die Vennbahntrasse
Grenzenloses Radeln in Europa

dieser Anteil gehört nicht durchgehend zu Deutschland. Kompliziert? Dazu später mehr. Eine Tatsache ist jedoch, dass die Vennbahntrasse in Deutschland beginnt – oder endet, je nach Richtung. Eine andere Tatsache ist, dass dieser Radweg einfach nur schön ist und sich leicht durch eine ruhige und grüne Landschaft radeln lässt.

Beginnen wir unsere Tour doch einfach mal im Stadtzentrum von **Aachen,** so wie wir auch die Fahrt auf der Deutschen Fußballroute in der Kaiserstadt begonnen haben. Anstatt jedoch ausschließlich in Nordrhein-Westfalen zu radeln, zieht es uns in den Süden, wo wir im Laufe der Reise auf das Nachbarland **Belgien** treffen. Hinter Aachen-Brand gelangen wir nach **Kornelimünster.** Neben der einstigen Benediktinerabtei, die hier im Jahr 814 gegründet wurde, fallen uns auch einige Wanderer auf. Kornelimünster ist nämlich der Ausgangspunkt für den Fernwanderweg Eifelsteig. Die erste Etappe des Wanderwegs, der durch die Eifel bis zur Mosel bei Trier verläuft, kreuzen wir in den nächsten Radelminuten einige Male. Am Anfang sind wir sogar parallel unterwegs, doch der Eifelsteig verläuft weiter unten, während wir auf einem **historischen Viadukt** den Iterbach überqueren. Und so

DIE VENNBAHNTRASSE

> **INFO**
>
> „Venn" bedeutet „Moor", und so ist das Hohe Venn natürlich ein Hochmoor. Zum Teil führen Holzstege durch das 600 Quadratkilometer große Gebiet, das an manchen Stellen sich selbst überlassen wird und nicht betreten werden darf.

wie die Wanderer entlang des Flüsschens Inde einen kurzen und knackigen Aufstieg überwinden, treten wir etwas kräftiger in die Pedale. Fast 200 Höhenmeter überwinden wir auf den ersten 20 Kilometern, bis wir die Staatsgrenze zu Belgien erreicht haben. Zum Glück leben wir in einem Zeitalter, in dem Grenzen in Europa kaum noch sichtbar sind, und daher wechseln wir mitten im Wald problemlos von Deutschland in das Nachbarland.

Die einstige Eisenbahnstrecke zwischen Aachen und Luxemburg, auf der wir uns befinden, entstand ab dem Ende des 19. Jahrhunderts. Sie verband die damaligen Industrieorte miteinander, war aber nur wenige Jahre von größerer Bedeutung. Denn durch den Ersten Weltkrieg und den damit einhergehenden Versailler Vertrag änderte sich alles. Die ehemaligen Kreise Eupen und Malmedy, damals zu Preußen gehörend, wurden an Belgien abgetreten, und die Bahntrasse wechselte seither mehrmals die Grenze.

Ausblick von Burg Reuland

Grenzenloses Radeln in Europa 19

Das endgültige Aus des Bahnverkehrs auf dieser Trasse erfolgte rund um die Jahrtausendwende. Damit begann die Umwandlung in einen fast kreuzungsfreien und grenzüberschreitenden Radweg. Auch Raeren lag bis 1920 im damaligen Kreis Eupen und ist heute Teil der deutschsprachigen Minderheit in Belgien. Die einstige Bahntrasse und damit der heutige Radweg verläuft in weiten Kurven durch den Wald südlich der Ortschaft.

Und damit beginnt das eigentliche **Kuriosum** der Strecke. Denn eigentlich radeln wir wieder auf die Grenze zu Deutschland zu und würden diese auch überqueren. Doch die einstige Bahntrasse ist **belgisches Territorium** geblieben. Das bedeutet, dass der knapp fünf Meter breite, durch Deutschland verlaufende Radweg zu Belgien gehört. So radeln wir also durch Deutschland und in Roetgen sogar durch eine deutsche Ortschaft, bleiben jedoch weiterhin in Belgien, solange wir den Radweg nicht verlassen. Was erst einmal sonderbar klingt, kann im Ernstfall aber zu Problemen führen. Denn bei einem Unfall oder bei einem Gesetzesverstoß wäre nicht die deutsche Polizei zuständig, und eine möglicherweise notwendige Anzeigenerstattung müsste von den belgischen Polizeikräften aufgenommen werden.

DAS MACHT DIE TOUR EINZIGARTIG!

- Belgisches Territorium in Deutschland
- Fahrt durch drei Länder
- Monschau, die Perle der Eifel

Eine weitere Besonderheit sind daher auch die **deutschen Exklaven.** So sind zum Beispiel einzelne Teile der Ortschaft Roetgen komplett von belgischem Staatsgebiet umgeben, und es ist jedes Mal ein Grenzübertritt, wenn man in die westlicheren Ortsteile möchte, auch wenn das belgische Staatsgebiet eben nur wenige Meter breit ist. Nicht anders verhält es sich bei **Mützenich,** das durch den Radweg vom Hauptort Monschau abgetrennt ist.

Übrigens ist **Monschau** natürlich ein Ort, bei dem wir auch mal den Radweg verlassen sollten. Die sogenannte Perle der Eifel liegt in einem Talkessel und ist zu Recht ein beliebtes Ausflugsziel. Kleine Gassen laden zum Flanieren und Einkehren ein, während sich einige Fachwerkhäuser malerisch am Ufer der Rur erheben.

Mit Senf aus der Senfmühle und ein paar Printen aus den ört-

DIE VENNBAHNTRASSE

Vorbildlich markierte Vennbahntrasse

lichen Backstuben im Gepäck geht es auf der Vennbahntrasse weiter in Richtung Süden. Bei **Kalterherberg** lassen wir Deutschland fast endgültig hinter uns und radeln nun tiefer nach Belgien hinein. Am Südrand des **Hohen Venns,** das ein ebenfalls empfehlenswerter Abstecher ist, folgen wir dem Vennbahnweg durch eine malerische grüne und leicht hügelige Landschaft, ohne selbst bergauf radeln zu müssen.

Hin und wieder muss eine Straße überquert werden, doch großflächige bunte Farbmarkierungen auf Straße und Radweg weisen auch Autofahrer deutlich darauf hin. In der kleinen Ortschaft Born blicken wir auf das mächtige **Freiherr-von-Korff-Viadukt,** das mit seinen elf Bögen 285 Meter lang ist und nach dem ehemaligen Landrat von Malmedy benannt wurde. Wenig später durchqueren wir den kleinen Ort St. Vith und gelangen in das Tal der Our. Wir überqueren den Fluss und sind überraschenderweise für wenige Hundert Meter wieder in Deutschland. Auch die Vennbahntrasse ist hier ausnahmsweise deutsches Staatsgebiet. Doch schon bei der nächsten Überquerung des Flusses nach weniger als einem Kilometer radeln wir wieder in Belgien. Wir passieren die Ruine der **Burganlage Reuland** und überqueren schließlich ein letztes Mal eine Staatsgrenze. Dieses Mal sind wir jedoch in **Luxemburg** angekommen, wo wir die letzten sieben Kilometer der Vennbahntrasse bis zum Bahnhof in Troisvierges (deutsch: Ulflingen) kennenlernen.

FAZIT

Die Vennbahntrasse ist ein absolutes Muss. Auf etwas mehr als 100 Kilometern bereist man beinahe kreuzungsfrei drei Staaten und lernt dabei ein politisches Grenzkuriosum kennen.

GUT ZU WISSEN

19

VON: Aachen
BIS: Troisvierges (LUX)
LÄNGE: 128 Kilometer
HÖHENMETER: ca. 30
ETAPPEN: 1–2
MARKIERUNG: blau–gelbes Schild mit der Aufschrift Vennbahn
HÖCHSTER PUNKT: 560 Meter, bei Sourbrodt am Hohen Venn

DAS BRAUCHE ICH:
- ein Fahrrad ohne besondere Ausstattung
- Wasser und Proviant, weil man oft ohne Einkaufsmöglichkeit ist
- Lust auf eine geschichtsträchtige Eisenbahnstrecke

Abenteuerfaktor
Naturfaktor
Schwierigkeitsfaktor

Monschau + Rur = Eifelperle

Ehemaliger Eisenbahnwaggon als Brücke

Von Korkenziehern und Balkantrassen

20

Der Bergische Panorama-Radweg ist eine durchgehende Radwegverbindung von der Ruhr in das Sauerland und wird durch Zubringerstrecken wunderbar ergänzt. Weite Teile verlaufen auf ehemaligen Bahntrassen, die stellenweise bis zu sechs Meter breit sind. Weil die Zubringerwege und die Hauptstrecke von ihrer Art kaum zu unterscheiden sind, hat sich ein schönes Radwegenetz entwickelt, das das Radeln in der ansonsten sehr hügeligen Region deutlich erleichtert.

Da die Bergischen Panorama-Radwege aus einem **Fahrradwegenetz** bestehen, gibt es mehrere Möglichkeiten, in die Tour ein-

Bergische Panorama-Radwege
Von Korkenziehern und Balkantrassen

zusteigen. Die vier Hauptachsen beginnen bzw. enden am Rhein bei **Leverkusen,** im sauerländischen **Olpe** und zweimal an der **Ruhr.** Überwiegend radeln wir auf ausgedienten Bahntrassen. Die sogenannte **Balkantrasse** verbindet zum Beispiel Leverkusen mit Wermelskirchen, während die **Niederbergbahn** von Essen-Kettwig über Velbert nach Wuppertal-Vohwinkel verläuft. Dort beginnt gleichzeitig eine der schönsten Strecken der Bergischen Panorama-Radwege. Denn auf der **Nordbahntrasse** durchquert man bequem den Norden Wuppertals, was angesichts der stark hügeligen Topografie in der Stadt ansonsten nicht immer ein Vergnügen ist. Weiters besteht Anschluss an die **Korkenziehertrasse,** die ihren Namen durch den geschwungenen Verlauf nach Solingen erhielt. Ebenso gelangt man zum Ruhrufer nach Hattingen, durch das Tal der Wupper und über die malerischen Ortschaften des Bergischen Landes nach Olpe.

Eine detaillierte Beschreibung der einzelnen Strecken würde den Rahmen dieses Buches sprengen, doch lassen Sie uns einen Überblick auf die Touren werfen. Am **Stausee Kettwig** überqueren wir die Ruhr und lassen Essen schnell hinter uns. Schon nach wenigen Metern sind wir auf der Bahntrasse unterwegs und ra-

BERGISCHE PANORAMA-RADWEGE

> **INFO**
> Stolze 400 Millionen Jahre Erdgeschichte zeigt der **Zeittunnel Wülfrath** in einem ehemaligen Abbautunnel des Kalksteinbruchs.

deln mit leichter Steigung im weiten Bogen nach **Heiligenhaus**. Hier treffen wir auf eine der vielen und oftmals besonderen Brücken, die wir im Bergischen Land überqueren. Die Bahnhofstraße wird hier nämlich von einem **umgebauten Eisenbahnwaggon** überspannt. Am offenen Waggon sieht man weiterhin die Beschriftung der Deutschen Bahn, und auch die Drehgestelle sind unter dem Fahrzeug erhalten geblieben.

In einem weiteren ebenso weiten Bogen durchqueren wir Velbert und gelangen nach Wülfrath. Am dortigen **Museum Zeittunnel** biegen wir links ab. Die Bahntrasse verläuft eigentlich nach rechts, endet aber schon bald. Für den kurzen Übergang zwischen der

Momente der Ruhe

Von Korkenziehern und Balkantrassen 20

ehemaligen Niederbergbahn und dem Bahnhof Vohwinkel nutzen wir daher ausgewiesene Radwege.

In Vohwinkel entscheiden wir uns zunächst für die **Nordbahntrasse,** die ebenfalls dem Lauf einer alten Bahnstrecke folgt. Die Stadt Wuppertal erstreckt sich nördlich und südlich des gleichnamigen Flusstals, das am Flussufer dicht besiedelt ist. Die Nordbahntrasse quert die Stadt in Ost-West-Richtung am nördlichen Hang. Auch hier überqueren wir mehrere Brücken. Doch auffällig sind auch die **fünf Tunnel,** durch die wir radeln werden. Die gesamte Länge der Brücken- und Tunnelbauwerke erstreckt sich über dreieinhalb Kilometer. Eine beachtliche Zahl angesichts der Tatsache, dass die Nordbahntrasse nur 22 Kilometer lang ist. Fast die Hälfte der Trasse verläuft innerstädtisch, ist aber dort immerhin bis zu sechs Meter breit und in der Nacht sogar durch LEDs beleuchtet. Auch hier sorgen manche Brücken für Abwechslung, wie zum Beispiel das **Wichlinghauser Viadukt** oder die sogenannte **Lego-Brücke,** die wie die berühmten Spielsteine bemalt ist. Um diese Anblicke allerdings genießen zu können, muss man den Radweg natürlich verlassen. Auf Hinweistafeln werden die Besonderheiten entlang der Strecke erläutert, und es gibt mehrere Spielplätze an der Strecke und mit der **Wichernkapelle** am ehemaligen Bahnhof Wichlinghausen sogar ein eigenes kleines Gotteshaus für die Radwanderer.

DAS MACHT DIE TOUR EINZIGARTIG!
- Wunderbare Kombinationsmöglichkeiten
- Alte Bahnstrecken
- Eine einmalige Waggonbrücke

Hier geht es außerdem übergangslos auf einer weiteren Bahntrasse durch die sanft hügelige Landschaft rund um Sprockhövel nach Hattingen und damit zur Ruhr. Wieder auf dem **Ruhrtalradweg** angekommen, kann man zuruck nach Kettwig gelangen und so eine schöne Rundtour bewältigen.

Doch zurück nach Vohwinkel. Dort erwartet uns nämlich am Ende der Niederbergbahn in Richtung Süden noch eine weitere Bahntrasse im Rahmen der Bergischen Panoramawege. Die **Korkenziehertrasse** ist mit 15 Kilometern etwas kürzer als die Nordbahntrasse und verläuft s-förmig bis zum Solinger Südpark. Dort

BERGISCHE PANORAMA-RADWEGE

erwartet uns das **Museum Plagiarius,** in dem das Thema Markenpiraterie mit Originalen und Fälschungen eindrucksvoll beschrieben wird.

Kurz zuvor kann man jedoch die alte Bahntrasse nach links verlassen und über ruhige Straßen in das Tal der Wupper gelangen. Der Wupper folgt man unter der sehenswerten **Müngstener Brücke** im Brückenpark hindurch bis zur Ortschaft Burg an der Wupper mit dem beliebten Ausflugsziel **Schloss Burg.** Nach einem knackigen Anstieg, der mit einer großartigen Aussicht belohnt wird, erreichen wir **Wermelskirchen.** Der Bergische Panorama-Radweg führt uns hier entweder über Marienheide zur Seenlandschaft im Bergischen Land und nach Olpe im Sauerland oder über die Balkantrasse zum Rhein. Der Name dieser ehemaligen Bahnstrecke rührt von der dünnen Besiedelung und dem kurvigen, aber auch bergigen Verlauf der Trasse her. Von dünner Besiedelung innerhalb von Nordrhein-Westfalen zu sprechen ist natürlich nicht mehr zeitgemäß. Dennoch ist die Strecke ebenfalls sehr schön, überwiegend ruhig und bringt uns durchgehend auf der alten Bahntrasse durch grüne Landschaften bis zur Mündung der Wupper in den Rhein.

FAZIT

Auch wenn sich manche Steigung nicht verhindern lässt, sind die ehemaligen Bahntrassen sehr hilfreich, um das Bergische Land auf angenehme und bequeme Art und Weise zu erradeln.

GUT ZU WISSEN

VON: Essen oder Hattingen
BIS: Leverkusen oder Olpe
LÄNGE: unterschiedlich, je nach Streckenentscheidung
HÖHENMETER: ca. 2200
ETAPPEN: 4-5
MARKIERUNG: unterschiedliche Symbole mit entsprechend passender Beschriftung
HÖCHSTER PUNKT: 460 Meter, bei Dannenberg

DAS BRAUCHE ICH:
- ab und zu etwas mehr Muskulatur
- Vorausplanung, welche der Strecken man kombinieren möchte
- funktionierende Beleuchtung am Rad für den Tunnel

Abenteuerfaktor 3/5
Naturfaktor 3/5
Schwierigkeitsfaktor 2/5

Essen-Kettwig per Schiff

Dicke Pötte am Kanal

21

Es gibt Urlauber, die fahren extra zum Nord-Ostsee-Kanal, um dort die großen Schiffe zu beobachten, die zwischen Nordsee und Ostsee pendeln. So zum Beispiel Wohnmobilfahrer, die auf den Stellplätzen rund um Rendsburg das Wochenende genießen und auf die vorbeiziehenden dicken Pötte blicken. Mit dem Fahrrad machen wir es natürlich anders. Wir radeln sozusagen mit den Schiffen von der Nord- zur Ostsee.

Windbedingt ist es vorteilhaft, die Radreise zwischen den beiden Meeren von West nach Ost durchzuführen. Wir verlassen also

Der NOK-Radweg
Dicke Pötte am Kanal

die Nordsee und radeln zum Baltischen Meer, der Ostsee. Allerdings muss man ehrlich gestehen, dass man auf dieser Radtour die Nordsee gar nicht zu Gesicht bekommt. Denn der Nord-Ostsee-Kanal, und damit auch der Radweg, beginnt streng genommen gar nicht am Nordseeufer, sondern in Brunsbüttel an der Elbe. Aber das ist natürlich Haarspalterei, denn der Einfluss der Nordsee ist nicht wegzureden, immerhin handelt es sich bei dem Bereich zwischen **Brunsbüttel** und dem 24 Kilometer entfernten Cuxhaven am gegenüberliegenden Flussufer um den Mündungsbereich der Elbe in die Nordsee. Auch hier kann man natürlich zahlreiche große Container- und Kreuzfahrtschiffe beobachten, die gerade von der Nordsee in Richtung Hamburg oder zurück schippern.

Ein Teil von ihnen biegt jedoch in Brunsbüttel in den Nord-Ostsee-Kanal ein und passiert dort die erste **Schleuse** auf dem Weg zur Ostsee. Für uns bedeutet diese, nun in die Pedale zu treten und die Schiffe auf ihrem Weg zu begleiten. Der Radfernweg verläuft aber nicht stets am Kanalufer entlang, sondern bietet auch die Möglichkeit, ein wenig mehr von der **Marschlandschaft** in der näheren Umgebung kennenzulernen. Schon kurz nach Verlassen von Brunsbüttel radeln wir zum Beispiel am **Naturschutzgebiet**

DER NOK-RADWEG

Kudensee entlang und begleiten das Wasser der malerischen Burger Au, bis wir die Ortschaft Burg (Dithmarschen) erreichen.

Den gemütlichen Luftkurort berühren wir auf dem Radweg jedoch nur kurz und gelangen wenig später wieder zum Nord-Ostsee-Kanal zurück, wo wir möglicherweise die Schiffe wiedersehen, die wir bereits an der Schleuse zur Elbe betrachtet haben. Und selbst wenn wir noch gar keine Schiffe auf dem Kanal gesehen haben, so können wir aber wenig später erahnen, was für große Pötte auf dem Kanal fahren. Denn die folgende **Hochdonner Eisenbahnbrücke** ist eine von mehreren Brücken entlang des Kanals, die durch ihre besondere Architektur zeigt, wie hoch die Schiffe sein können, die unter der Brücke hindurchpassen. Die Durchfahrtshöhe beträgt stolze 42 Meter, und sie war bis zur Fertigstellung der Schnellfahrstrecke Erfurt-Leipzig vor wenigen Jahren die zweitlängste Eisenbahnbrücke Deutschlands. Übertroffen wurde sie damals nur noch von der Rendsburger Hochbrücke, der wir auch noch begegnen werden.

> **INFO**
>
> Das erste Festival in **Wacken** fand 1990 in einer Kiesgrube statt, war vollständig privat organisiert und lockte etwa 800 Fans an.

Immer wieder Schiffe – ob groß oder klein

Dicke Pötte am Kanal — 21

Im Blickfeld der Hochdonner Hochbrücke nutzen wir gleich dahinter die Fährverbindung, um das Kanalufer zu wechseln. Allerdings sollten wir das nur machen, wenn wir nicht gerade Anfang August unterwegs sind. Denn dann findet auf der anderen Kanalseite das legendär gewordene Festival **Wacken Open Air** statt. Bei rund 85.000 Teilnehmern, die das Heavy-Metal-Ereignis besuchen, könnte es schwer sein, mit dem Fahrrad durchzukommen.

Außerhalb des ersten August-Wochenendes zeigen sich Wacken und Umgebung jedoch deutlich ruhiger, und wir radeln weiter entspannt in Richtung Ostsee. Auf der nächsten Fähre überqueren wir erneut den Nord-Ostsee-Kanal und radeln gleich im Anschluss direkt am Ufer bis zur nächsten **Hochbrücke.** Sie ist zwar augenscheinlich nur eine gewöhnliche Autobahnbrücke, doch an ihrem Brückenkopf gibt es einen erhöhten Punkt, der uns einen sehenswerten Ausblick auf den Kanal ermöglicht.

> **DAS MACHT DIE TOUR EINZIGARTIG!**
> - Brücken und technische Baudenkmäler
> - Flache Marschlandschaft
> - Schiffe aus nächster Nähe

Wir radeln durch die flache Landschaft bis in das etwas vom Kanal abseits gelegene Albersdorf und über Offenbüttel wieder zurück zum Kanal. Spätestens jetzt zeigt sich der Radfernweg von einer ganz anderen Seite. Denn bis hierhin sind wir überwiegend dem Lauf des Kanals gefolgt. Doch der Radweg bietet mehr als das stoische Radeln entlang einer Schifffahrtsstrecke. Denn der Verlauf des Radwegs führt auch teilweise in großen **Schleifen durch die Landschaft,** wobei man an manchen Stellen sogar entgegengesetzt der eigentlichen Fahrtrichtung radelt. Damit ist leicht zu verstehen, warum der Radweg satte 325 Kilometer Länge aufweist, während der Ende des 19. Jahrhunderts erbaute Kanal eigentlich nur 100 Kilometer lang ist.

Nach mehreren Schleifen rund um die Ortschaft Hanerau-Hademarschen und um die Grünlandschaft der Haaler Au erreichen wir nach einiger Zeit die größte Stadt am Nord-Ostsee-Kanal. **Rendsburg** besticht mit einer kulturell reichhaltigen Altstadt, in der wir zum Beispiel das Jüdische Museum oder das Rendsbur-

DER NOK-RADWEG

ger Schifffahrtsarchiv besuchen können. Doch der Schwerpunkt der Stadt liegt natürlich ganz eindeutig beim Kanal, der an dieser Stelle ein ganz besonderes Bauwerk präsentiert. Die **Rendsburger Hochbrücke** dient nicht nur als Eisenbahnbrücke, sondern im Normalfall auch als Schwebefähre. Sie ist nur noch eine von acht **Schwebefähren** weltweit. Personen und Fahrzeuge werden auf einer an Seilen gehaltenen Plattform von einem Ufer zum anderen transportiert. Das Prinzip ähnelt dem eines Fahrstuhls, nur eben in der Horizontalen. Sie wurde im Jahr 1913 eröffnet, doch in den frühen Morgenstunden des 8. Januar 2016 gab es einen fatalen Unfall, bei dem die Schwebefähre mit einem Frachtschiff kollidierte. Die Schwebefähre wurde dermaßen beschädigt, dass ein Neubau unausweichlich blieb.

Doch die Brücke beherbergt nicht nur die Schwebefähre und war auch nicht nur fast ein Jahrhundert lang die längste Eisenbahnbrücke der Welt, sondern steht auch unter Denkmalschutz und besitzt eine weitere Besonderheit. Denn das nördliche Ende der Brücke geht in einen **Damm** über, der eine weite Schleife durch Rendsburg bildet und in seinem Lauf wiederum die Brücke unterquert. Nur so ist es den Zügen auf der Brücke möglich, den Höhenunterschied zu bewältigen. Unterhalb der Brücke befindet sich übrigens noch eine Schiffsbegrüßungsanlage, an der die vorbeiziehenden Schiffe über Lautsprecher vorgestellt werden. Eine gute Gelegenheit, in dem dazugehörigen Café eine Radlerpause einzulegen.

Einen Kilometer westlich der Rendsburger Hochbrücke unterquert man den Kanal durch den Fußgängertunnel. Mit dem Fahrrad nimmt man besser den Lift, um in die Tiefe zu gelangen. Doch es gibt auch die Möglichkeit, mit einer der **längsten Rolltreppen der Welt** hinab zum Tunnel zu gelangen.

Mit weiteren Schleifen auf dem Nord-Ostsee-Kanal-Radweg lernen wir das Umland von Rendsburg näher kennen, besuchen den **Wittensee.** Am Ende der Radreise gelangen wir in den Kieler Norden, wo eine weitere Schleusenanlage das Ende des Nord-Ostsee-Kanals markiert. Gleich dahinter erstreckt sich die Kieler Förde, und wir haben nicht nur die Fahrt am Nord-Ostsee-Kanal genossen, sondern auch eine wunderbare Möglichkeit genutzt, vom Nordseeküstenradweg zum Ostseeküstenradweg zu gelangen.

FAZIT

Eine schöne Radreise, auf der man nicht nur die flache Marschlandschaft in Schleswig-Holstein kennenlernt und einer geraden Strecke folgt, sondern in weiten Schleifen durch die Region auch auf spannende Technik-Bauwerke trifft.

GUT ZU WISSEN

21

VON: Brunsbüttel an der Elbe
BIS: Kiel an der Kieler Förde
LÄNGE: 325 Kilometer
HÖHENMETER: ca. 900
ETAPPEN: 8
MARKIERUNG: Schriftzug NOK-Route
HÖCHSTER PUNKT: eine der Schleusen

DAS BRAUCHE ICH:
- Muße, um Schleifen zu fahren
- Faible für Technik und Transport

Abenteuerfaktor
Naturfaktor
Schwierigkeitsfaktor

Die alte Schleuse Kiel-Holtenau im Abendlicht

Wird hoffentlich nicht benötigt: die Pannensäule im Tunnel

Radweg mit Öffnungszeiten

22

Der Milseburgradweg begeistert durch seine Wegführung in der ruhigen und schönen Rhön. Gleichzeitig ermöglicht er ein leichtes Fortkommen durch die hügelige Landschaft. Sein Highlight ist der beleuchtete und längste Radwegetunnel Deutschlands. Doch aufgepasst. Zur „falschen" Jahreszeit haben hier Fledermäuse Vorrang, und der Tunnel ist dann abgeschlossen.

Kritische Stimmen werden jetzt sagen, das sei ja schon wieder ein Bahntrassenradweg mit einer nur kurzen Streckenlänge. Da würde sich die Anreise ja kaum lohnen. Dass es sich um einen

Der Milseburgradweg
Radweg mit Öffnungszeiten

Bahntrassenradweg handelt, ist richtig, und dagegen spricht ja grundsätzlich nichts. Immerhin lassen sie sich aufgrund geringer Steigung wunderbar radeln und führen oftmals durch ruhige und schöne Landschaften. Und andererseits hat jeder Bahntrassenradweg eine eigene Besonderheit. In diesem Fall handelt es sich um die Tatsache, dass der Milseburgradweg nur im **Sommer** befahren werden kann. Doch dazu später mehr.

Was die Anreise betrifft, da bleibt nur zu sagen, dass der Milseburgradweg mit seinen gerade einmal 27 Kilometern Teil des deutlich längeren **Hessischen Radfernwegs R3** ist. Mit einer Länge von 258 Kilometern verbindet er die Ortschaft Tann in der Rhön mit dem beliebten Reiseziel Rüdesheim am Rhein. Er ist einer von insgesamt neun Hessischen Radfernwegen, die ein gut kombinierbares Radwegenetz in dem Bundesland bilden. In Rüdesheim bleibt man also auch auf dem Rheinradweg, und man radelt nach Eltville. Dort lässt man den Rhein hinter sich, durchquert Wiesbaden und gelangt nach Frankfurt. Stellenweise ist der R3 dann identisch mit dem Verlauf des Mainradwegs bis Hanau. Dort folgt man schließlich grob dem Fluss Kinzig nach Gelnhausen, von wo die Radtour über Bad Soden-Salmünster weiter nach

DER MILSEBURGRADWEG

Fulda verläuft. Und hier kommt nun der Milseburgradweg ins Spiel.

Nachdem wir **Fulda** in nordöstliche Richtung verlassen haben, kommen wir in die direkt angrenzende Gemeinde Petersberg. Im kleinen Ortsteil **Götzenhof** sehen wir einen Wanderparkplatz als eigentlichen Ausgangspunkt für den Milseburgradweg. Übrigens liegt er gleich neben der Autobahn 7, was auch Autofahrern für eine anschließende Tour auf dem Radweg eine günstige Anreise ermöglicht. Wir verlassen den Parkplatz in Richtung Osten und radeln sogleich zwischen den Feldern auf der alten Bahntrasse.

Die Bahnstrecke wurde ursprünglich als Biebertalbahn, später auch als **Rhönbahn** bezeichnet. Sie entstand Ende des 19. Jahrhunderts und diente zur besseren Erschließung der Rhön. Der letzte Personenzug verkehrte im Jahr 1986, Güter wurden auf der Strecke noch bis 1992 transportiert. Im Jahr 1995, etwas mehr als 100 Jahre nach dem Bau, begann man mit der Demontage der Gleisanlagen. Bis zur Fertigstellung des heutigen Milseburgradwegs auf der einstigen Bahntrasse dauerte es jedoch noch einige Zeit bis zum Jahr 2003.

> **INFO**
> Der größte Teil der **Rhön** ist vulkanischen Ursprungs, ihr höchster Berg ist mit 950 Metern die Wasserkuppe.

Rasten, wo früher Züge hielten

Radweg mit Öffnungszeiten

Ab und an sind Straßen zu überqueren, und gelegentlich passiert man die kleinen Dörfer der Region. Doch grundsätzlich ist man in einer sehr ruhigen und auch beruhigenden Landschaft unterwegs. Zu unserer Linken werden wir von dem kleinen Bach **Bieber** begleitet, der aber weniger wegen seiner Größe, sondern mehr durch seine Sträucher und Bäume an den Ufern auffällt.

Rund ein Drittel des Milseburgradwegs haben wir bereits hinter uns, wenn auf der rechten Seite ein kleiner **Radlerbiergarten** erscheint. Dort, wo einst die Passagiere am Bahnhof Langenbieber in den Zug einstiegen, haben wir die Möglichkeit zur gemütlichen Einkehr und zur Erfrischung auf den Sitzbänken neben den Holzbuden. Die einzige Erinnerung an den ehemaligen Bahnhof ist das Bahnhofsschild mit der Aufschrift des Ortsnamens. Na ja, und die Bahntrasse natürlich. Auf der geht es gleich im Anschluss weiter in Richtung Osten. Über eine schmale Brücke gelangen wir zum Ortsausgang, wo uns auf der rechten Seite eine **Mariengrotte** erwartet.

> **DAS MACHT DIE TOUR EINZIGARTIG!**
> - Der längste Radtunnel Deutschlands
> - Pause im Radlerbiergarten
> - Leichte Reise durch die hügelige Rhön

Kurz darauf passieren wir ein Freibad, hinter dem sich auf der anderen Seite der Bieber der bewaldete **Kugelberg** erhebt. Auf diesem präsentiert sich seit der ersten Hälfte des 18. Jahrhunderts stolz das **Barockschloss Bieberstein,** in dem heute ein Internat untergebracht ist. Um den Höhenunterschied zwischen Kugelberg und Schackenberg zu überwinden, musste die Bahn damals eine große s-förmige Kurve fahren, was wir ihr auf dem Fahrrad natürlich gleichtun.

Mit etwas Abstand radeln wir am Ort Elters vorbei, während die Landschaft um uns herum immer einsamer, ruhiger und auch enger wird, bis wir plötzlich vor der Einfahrt in den **Milseburgtunnel** stehen, das Prunkstück des Radwegs. Über dem Portal sehen wir die Inschrift 1889, die an die Fertigstellung des Tunnels erinnert. Er ist exakt **1173 Meter** lang und hat sich damit den Titel längster Radwegtunnel Deutschlands verdient. Der videoüberwachte Tunnel hat eine konstante Temperatur von knapp 10°

DER MILSEBURGRADWEG

Hier beginnt er – der Milseburgtunnel

Celsius und besitzt sogar vier Notrufstationen, da das Handynetz in der Tunnelröhre natürlich Lücken aufweisen kann. Außerdem wird er tagsüber mit **Natriumdampflampen** beleuchtet, die mittels Bewegungsmelder funktionieren, was das Durchqueren auf dem Fahrrad natürlich sehr angenehm macht. Allerdings ist er nur in der Zeit von Mitte April bis Ende Oktober befahrbar. In der dunklen Jahreszeit ist er einzig und allein für die zahlreichen **Fledermäuse** vorgesehen, die ihn als Ruheort nutzen können. Sollten wir also in den Wintermonaten unterwegs sein, dann müssen wir mit einer vier Kilometer langen südlichen Umfahrung vorliebnehmen, die außerdem **einen knackigen Anstieg** aufweist. Aber auch innerhalb des Tunnels sind immerhin 23 Höhenmeter zwischen den beiden Portalen zu überwinden.

Gleich im Anschluss an den Tunnel, wir haben gerade erst wieder Sonnenlicht zu sehen bekommen, befindet sich auf der rechten Seite der ehemalige **Bahnhof Milseburg.** Er markiert nicht nur den höchsten Punkt der Strecke, sondern lädt mit dem dortigen **Honigkuchen- und Wachsmuseum** zu einer weiteren entspannenden Rast ein. Von nun an geht es sanft bergab, und wir radeln das letzte Drittel der Tour in weiteren Schleifen gemütlich durch Eckweißbach nach Hilders. Dort endet der Milseburgradweg ebenfalls wieder an einem Wanderparkplatz. Wer nun noch weiter auf dem R3 radeln möchte, folgt bis zur Ortschaft Tann auch teilweise dem Ulstertalradweg.

FAZIT

Ein sehr angenehmer und kurzer Radweg für zwischendurch, der mit dem längsten Fahrradwegtunnel Deutschlands eine besondere Attraktion bietet.

GUT ZU WISSEN

22

VON: Petersberg-Götzenhof bei Fulda
BIS: Hilders
LÄNGE: 27 Kilometer
HÖHENMETER: ca. 400
ETAPPEN: 1
MARKIERUNG: weiß-grünes Schild mit Aufschrift Milseburgradweg
HÖCHSTER PUNKT: 546 Meter, am ehemaligen Bahnhof Milseburg

DAS BRAUCHE ICH:
- im kühlen Tunnel etwas zum Drüberziehen
- eine Fahrradlampe
- eine Action-Cam, um die Tunneldurchfahrt zu filmen

Abenteuerfaktor 4/5
Naturfaktor 3/5
Schwierigkeitsfaktor 1/5

Idyllische Ausblicke nach dem Tunnel

Im Land der Dichter und Denker: Goethe und Schiller

Mit dem Fahrrad auf den Spuren Goethes

23

Am Rennsteig beginnen wir mit einer Radreise, die uns zu den Wirkungsstätten Goethes in Thüringen bringt. Mit dabei natürlich Ilmenau, wo der Dichter als Beamter tätig war, und viele kleine Orte entlang der Ilm, auf die er Einfluss hatte. Höhepunkt ist zweifellos Weimar, wo er zusammen mit Schiller solche Spuren hinterließ, dass die UNESCO das klassische Weimar zum Weltkulturerbe erhob.

Der **Thüringer Wald** ist neben seiner Naturlandschaft eher als Wanderregion bekannt. Zahlreiche Wanderwege führen auf das Mittelgebirge hinauf, auf dem sich der **Rennsteig** als ältester Fern-

Der Ilmtalradweg
Mit dem Fahrrad auf den Spuren Goethes

wanderweg Deutschlands befindet. Ungefähr auf der Hälfte des Rennsteigs trifft der Wanderweg auf die kleine Ortschaft Allzunah, östlich der Stadt Schmiedefeld am Rennsteig. Genau dort, in Allzunah, beginnt der Ilmtalradweg. Bevor wir losfahren, können wir im angrenzenden Wald einen Blick in den **Bunker Frauenwald** werfen. Dieser wurde im Kalten Krieg erbaut und sollte den Stasi-Offizieren und SED-Politikern Sicherheit im Kriegsfall bieten. Heute ist der Bunker in Privatbesitz und zu einem kleinen Museum umfunktioniert worden.

Der Ernstfall ist zum Glück ausgeblieben, und daher steht der Thüringer Wald noch, durch den wir zu Beginn der Radreise fahren werden. Wir verlassen den Ausgangspunkt in nördliche Richtung. Doch das kleine Gewässer neben uns ist noch nicht die Ilm, sondern der Bach Lengwitz. Die Ilm entsteht hinter dem nächsten Ort **Stützerbach** durch den Zusammenfluss von Lengwitz, Taubach und Freibach. Alle drei Bäche gelten als Quellbäche der Ilm. Der Freibach ist wenige Hundert Meter länger als die Lengwitz, dafür hat dieser kleine Wasserlauf die gleiche Fließrichtung wie die nun folgende Ilm.

Wir radeln zunächst mit relativ wenig Gefälle, gelegentlich

DER ILMTALRADWEG

sogar mit kleinen Steigungen durch den Thüringer Wald und westlich am 861 Meter hohen **Kickelhahn** vorbei. Erst kurz vor der ersten größeren Stadt verlieren wir dann doch spürbar an Höhe. **Ilmenau** liegt am Rande des Gebirges und macht schon mit dem Namen darauf aufmerksam, dass die Stadt am Ufer des noch jungen Flusses liegt. Spätestens hier treffen wir auf Spuren von **Johann Wolfgang von Goethe.** Denn der Dichter und Geologe war ganz nebenbei auch noch Beamter und als Staatsbediensteter in Ilmenau tätig. Das und noch mehr über ihn und über die Region rund um Ilmenau erfährt man im hiesigen **GoetheStadtMuseum.** Man erkennt es übrigens nicht nur daran, dass es eines der schönsten Gebäude an dem gemütlichen Marktplatz ist, sondern auch an der lebensgroßen Skulptur Goethes, die vor dem Amtshaus auf einer Parkbank sitzt.

Und um noch einmal auf das Thema Wandern zurückzukommen, sei auch erwähnt, dass Goethe im Abstand von mehr als

> **INFO**
>
> **Wandrers Nachtlied** umfasst eigentlich zwei Gedichte: „Der du von dem Himmel bist" von 1776 und „Über allen Gipfeln ist Ruh" von 1780.

Perfekt eingebettet: die Stadt Ilmenau

Mit dem Fahrrad auf den Spuren Goethes

einem halben Jahrhundert die Jagdhütte auf dem Kickelhahn aufsuchte. Bei seinem ersten Aufenthalt schrieb er sein Gedicht **Wandrers Nachtlied** an die Wand des heute nach ihm benannten Goethehäuschens.

Wir lassen den Thüringer Wald nun hinter uns und durchqueren, wie die Ilm, Ilmenau von West nach Ost. Hinter Langewiesen unterqueren wir eines der Bauwerke, die zur Eisenbahn-Schnellfahrstrecke zwischen Erfurt und Nürnberg gehören. Bei dem umstrittenen Bauprojekt entstanden **29 Brücken**, wovon die Ilmtalbrücke mit einer Länge von über eineinhalb Kilometern die längste ist. Gleichzeitig ist sie auch die längste Brücke des Freistaats.

Die Landschaft wird nun zunehmend flacher, denn wir befinden uns im sogenannten **Thüringer Becken**. Doch einige kleinere Hügel und Gipfel säumen weiterhin den Weg. In der nächsten größeren Ortschaft, in Stadtilm, stellen wir fest, dass auch schon zu früheren Zeiten beeindruckende Eisenbahnbrücken gebaut wurden. Im Vergleich zur Ilmtalbrücke fällt das hiesige **Viadukt** mit einer Länge von über 200 Metern beinahe bescheiden aus; angesichts der Tatsache, dass das sehenswerte Bauwerk bereits Ende des 19. Jahrhunderts errichtet wurde, ist es dennoch beachtlich. Mit seinen 13 Bögen galt es damals ebenfalls als eine der größten Eisenbahnbrücken der Zeit.

Nachdem wir auch noch einen Blick auf das sehenswerte Rathaus von Stadtilm geworfen haben, radeln wir weiter nach Kranichfeld. Dort überrascht uns das im Renaissancestil erbaute **Oberschloss** und bietet uns vom 27 Meter hohen Bergfried eine schöne Aussicht über das nun weite Ilmtal. Nur noch ein Katzensprung ist es bis Bad Berka. In dem Kurort war auch Goethe für einige Wochen zur Kur, und wir finden mit dem Goethebrunnen nicht nur einen Ort in **Bad Berka,** der an ihn erinnert. Bad Berka markiert für uns außerdem die Hälfte des Ilmtalradwegs und bietet sich bei einer zweitägigen Reise entlang des Flusses daher gut als Übernachtungsplatz an.

DAS MACHT DIE TOUR EINZIGARTIG!

Thüringens erste ADFC-Zertifizierung

Johann Wolfgang von Goethe

Thüringer Wald und Thüringer Becken

DER ILMTALRADWEG

Morgen im Tiefurter Park

Gleich am nächsten Tag geht es nämlich mit weiteren Stadtbesichtigungen weiter. Nach einer kurvigen Fahrt entlang der Ilm passieren wir **Mellingen** und erreichen nach nur 20 Kilometern **Weimar.** Hier steht natürlich alles im Zeichen der Kultur, und Goethe wäre hier gar nicht wegzudenken. Elf Stätten innerhalb Weimars stehen als „klassisches Weimar" auf der **UNESCO-Weltkulturerbeliste,** so zum Beispiel Goethes Wohnhaus, das Stadtschloss und der Historische Friedhof mit der Fürstengruft, in der Goethe seine letzte Ruhestätte fand. Aber Weimar ist natürlich auch untrennbar mit **Schiller** verbunden, der ebenfalls in der Stadt verstarb.

Nach einem Rundgang durch die Altstadt Weimars sind wir wieder auf dem Radweg unterwegs und passieren am kurvigen Verlauf der Ilm das **Schloss Tiefurt** und die **Wasserburg Niederroßla.** Gleichzeitig können wir hier auch den Ilmtalradweg kurz verlassen und einen kleinen Abstecher in die nahe gelegene Stadt **Apolda** unternehmen. Trotz Schloss und Renaissance-Rathaus hat es Goethe der Überlieferung nach wohl nicht besonders gut in Apolda gefallen. Angetaner war er von **Bad Sulza.** An der dortigen Saline empfahl er, einen Kurbetrieb ins Leben zu rufen. Wir erreichen die Kur- und Weinstadt nach einer gut zweistündigen Fahrt durch die flache Landschaft des Ilm-Unterlaufs.

Nachdem wir am **Gradierwerk** in Bad Sulza tief eingeatmet haben, sind es nur noch wenige Tritte in die Pedale, bis wir die Mündung der Ilm in die **Saale** erreichen. Für uns bedeutet es das Ende der Radtour entlang der Ilm, und wir haben nun die Gelegenheit, auf dem Saaleradweg unsere Radreise weiterzuführen.

FAZIT

Der Ilmtalradweg bietet Berge, Wälder, flache Landschaften und Kultur. Trotz Flussradweg ist es manchmal erforderlich, ein wenig fester und länger in die Pedale zu treten.

GUT ZU WISSEN

23

VON: Allzunah im Thüringer Wald
BIS: Bad Sulza
LÄNGE: 124 Kilometer
HÖHENMETER: ca. 1200
ETAPPEN: 2–4
MARKIERUNG: stilisierter Radler mit Ilmtal-Aufschrift
HÖCHSTER PUNKT: 750 Meter, Allzunah

DAS BRAUCHE ICH:
- Fahrrad mit solider Ausstattung
- Gedichtband von Goethe zum Nachlesen

Abenteuerfaktor
Naturfaktor
Schwierigkeitsfaktor

Im Herzen der Klassikerstadt

Dem Himmel so nah im Saaletal

Mit „Ächz" und „Stöhn" über die Berge Frankens 24

Auf dem Saaleradweg radeln wir vom Fichtelgebirge nordwärts bis zur Elbe und erleben eine abwechslungsreiche, aber auch wellige Landschaft, die uns mit einigen Steigungen überrascht. Unterwegs stoppen wir bei Emil Erpel, besuchen Donald Duck und genießen von einem Skywalk die Aussicht aufs Saaletal. Stauseen und Wälder begleiten unseren Weg zu den Städten Saalfeld, Jena und Halle. Dazwischen erhebt sich noch ganz nebenbei der Naumburger Dom als UNESCO-Weltkulturerbe. Zum Abschluss der Tour sind wir oftmals alleine auf weiter Flur und genießen die Ruhe im Zentrum von Sachsen-Anhalt.

Der Saaleradweg
Mit „Ächz" und „Stöhn" über die Berge Frankens

An der Ahornwiese geht es los, und zu Beginn steht gleich eine kleine Täuschung. Denn von einer Wiese ist weit und breit nichts zu sehen. Der Saaleradweg beginnt mitten im **Fichtelgebirge** auf einer Höhe von rund 700 Metern. Hier muss man erst einmal hinaufkommen. Das ist aber noch nicht einmal der Hauptgrund, warum der Saaleradweg zu den anspruchsvollsten Flussradwegen in Deutschland zählt. Vielmehr ist es das Auf und Ab besonders im Oberlauf der Saale. Doch beginnen wir zunächst einmal mit der Saale-Quelle, die auch als **Sächsische Saale-Quelle** bezeichnet wird. Der schattig gelegene Ort mit seinem überdachten Picknickplatz ist ideal, um sich auf die anstehenden 400 Kilometer gedanklich einzustellen. Während das Rinnsal in der gefassten Quelle seinen Weg zum Waldboden findet und dann bedenklich steil bergab fließt, an manchen Stellen bilden sich sogar kleine Wasserfälle, radeln wir in einiger Entfernung ebenfalls deutlich talwärts.

Das Flüsschen sehen wir jedoch erst im ersten Ort entlang der Strecke wieder. In **Zell** überqueren wir die Sächsische Saale zum ersten Mal und lernen auf den nächsten Kilometern die kleinen Ortschaften in Oberfranken und am Rande des Fichtelgebirges kennen. Die Berge haben wir zwar hinter uns gelassen, die ein

DER SAALERADWEG

> **INFO**
>
> Echte Fans widmen sich dem Donaldismus und erforschen das Leben der Familie Duck in Entenhausen in allen Facetten. Dazu wurde 1977 in Hamburg eigens die Vereinigung D.O.N.A.L.D. gegründet.

oder andere Steigung haben wir dennoch zu erwarten. So zum Beispiel die kleine Anhöhe bei Bug, wo wir zwischen den Hügeln Bugberg und Uprode etwas kräftiger in die Pedale treten. Immer wieder erhaschen wir auch einen Blick auf die Saale, insbesondere in den Dörfern der Region. Zwischen den Ortschaften will die Saale scheinbar ihre Ruhe in den Auen genießen.

Schwarzenbach ist die erste größere Gemeinde entlang der Tour. Emil Erpel, der Stadtgründer von Entenhausen, steht hier als Denkmal mitten in der Saale. Nur wenige Meter entfernt befindet sich das Erika Fuchs-Haus mit dem Museum für Comic und Sprachkunst. Erika Fuchs war fast vier Jahrzehnte lang die Übersetzerin der Donald-Duck-Comics von Carl Barks und ist Namensgeberin für den Erikativ. Damit werden in Comics die schwer darstellbaren Geräusche und lautlosen Vorgänge ausgedrückt. Außerdem lehnte sie die Übersetzungen der englischen Originale an die deutsche Klassik an. Der Besuch des Museums ist für Groß und Klein ein absolutes Muss. „Freu! Jubel!"

Emil Erpel – der Gründer von Entenhausen

Mit „Ächz" und „Stöhn" über die Berge Frankens

Weiter flussabwärts gelangen wir nach **Hof** und spüren im Anschluss, dass es sich auf diesem Flussradweg anders als bei den meisten Flussradwegen nicht einfach nur gemütlich bergab fahren lässt. In der hügeligen Landschaft radeln wir nicht immer nur am Flussufer, sondern gelegentlich auch an Landstraßen, die über die sanften Hügel angelegt wurden. So zum Beispiel auch bei Pottiga. Doch hier werden wir für die Mühen mit einem Aussichtspunkt belohnt. Wie ein klassischer **Skywalk** ragt eine Metalltreppe in die Höhe und bietet uns einen tollen Blick auf die Saale, die weit unter unseren Füßen vorbeizieht. Sehr interessant dabei auch der angrenzende Picknickplatz. Vollkommen modern gibt es hier nicht nur WLAN, sondern auch kostenpflichtige Steckdosen, sodass man unterwegs den Akku seines Smartphones aufladen kann.

DAS MACHT DIE TOUR EINZIGARTIG!

- Donaldistischer Dialekt
- Einsamkeit und Ruhe
- Saale-Skywalk

Wenig später kommen wir nach Blankenstein, dem Start- bzw. Endpunkt des **Rennsteigs.** Auch wenn wir jetzt nicht per pedes unterwegs sind, sollten wir hier einen Blick auf das **Drehkreuz des Wanderns** werfen. Mehrere Fernwanderwege sind hier symbolisch mit einem Drehkreuz untereinander verbunden.

Die Saale scheint nun breiter zu werden, doch dabei handelt es sich vielmehr um die Ausläufer der **Bleichlochtalsperre.** Sie ist vom Fassungsvermögen her die größte Talsperre Deutschlands und wird uns nun bis hinter Saalburg begleiten. Ein Radeln direkt am Ufer des Sees ist jedoch nur abschnittsweise möglich. Vorher sind wir ein Stück im angrenzenden Wald unterwegs, der ebenfalls wieder mit einigen kleineren Anstiegen aufwartet. Durch den Naturpark **Thüringer Schiefergebirge/Obere Saale** radeln wir durch eine entspannende Waldlandschaft, die bis an das Saaleufer heranreicht und uns zu den nächsten Talsperren bringt. Mit der **Fähre** überqueren wir die breite Saale und haben gleich im Anschluss den steilsten Aufstieg der gesamten Strecke vor uns. Fast 200 Höhenmeter haben wir zu überwinden, doch dann geht es auch gleich wieder hinab. Ab Saalfeld haben wir die größten

DER SAALERADWEG

FAZIT

Der Saaleradweg ist zwar ein Flussradweg, sollte aber deswegen nicht unterschätzt werden. Da der Radweg nicht immer direkt am Ufer verläuft, sind in der hügeligen Landschaft einige kürzere Anstiege in Angriff zu nehmen.

Steigungen hinter uns, und der Saaleradweg wird nun deutlich leichter.

Rudolstadt und Jena sind die nächsten größeren Städte, die wir direkt durchqueren, während die Saale und der Radweg einen größeren Bogen um Naumburg machen. Das heißt aber nicht, dass wir auf einen Abstecher in das Zentrum verzichten sollten. Immerhin erhebt sich dort eines der jüngeren Mitglieder der UNESCO-Sehenswürdigkeiten. Die ehemalige Kathedrale ist eines der wichtigsten Bauwerke der Frühgotik und entstand im 13. Jahrhundert. In die Welterbeliste wurde der Naumburger Dom im Jahr 2018 aufgenommen.

Durch eine gemütliche Landschaft radeln wir bis kurz vor die Tore der Stadt Halle. Am Südrand von Halle durchqueren wir die malerischen Saaleauen, wo der Fluss Elster in die Saale mündet. Das Naturschutzgebiet sprüht vor Leben und ist Heimstätte zahlreicher Vogelarten, ein weiterer idealer Ort für eine Rast während der Radtour.

Hinter Halle verläuft die Radreise noch rund 80 Kilometer lang durch eine weite Landschaft bis in das geografische Zentrum von Sachsen-Anhalt, wo die Saale schließlich in die Elbe mündet. Hier endet unser Radweg; wer Lust hat, kann auf dem Elberadweg weiterradeln.

GUT ZU WISSEN

24

VON: Zell im Fichtelgebirge
BIS: Barby an der Elbe
LÄNGE: 403 Kilometer
HÖHENMETER: ca. 4300
ETAPPEN: 9
MARKIERUNG: schwarzes Radfahrersymbol auf blau-weißem Grund
HÖCHSTER PUNKT: über 700 Meter, Sächsische Saale-Quelle

DAS BRAUCHE ICH:
- etwas Muskelkraft für die Steigungen
- mindestens einen von Erika Fuchs übersetzten Carl-Barks-Comic
- genug Proviant, weil man oftmals recht einsam unterwegs ist

Abenteuerfaktor ▮▮▮▮▯
Naturfaktor ▲▲▲▲▵
Schwierigkeitsfaktor ●●●●○

Rundblick in die Saale-Landschaft

Auf Altstadttour durch ein liebliches Tal   **25**

Auf einer verhältnismäßig kurzen Distanz, die man – sportlich betrachtet – auch an einem Tag bewältigen könnte, gibt es zahlreiche Sehenswürdigkeiten zu entdecken. Die Tour durch das liebliche Taubertal sprüht nur so vor historischen Bauwerken, Rathäusern, Türmen und Schlössern. Also, lieber etwas mehr Zeit lassen und die Tour auf mehrere Tage aufteilen.

Bereits der Ortsname **Rothenburg ob der Tauber** verweist auf den Fluss, der das malerische Städtchen passiert und den wir im Laufe der Radreise näher kennenlernen werden. Die Stadt Rothenburg

Der Taubertalradweg
Auf Altstadttour durch ein liebliches Tal

mit ihrem Rathausturm, der Weihnachtsatmosphäre und vor allen Dingen mit der langen **begehbaren Stadtmauer** besichtigten wir bereits vor dem Start auf dem ebenfalls hier beginnenden Altmühltalradweg. Während die Altmühl sich jedoch in Richtung Südost entfernt, folgen wir der Tauber nach Nordwest. Die Tauber entspringt allerdings nicht in Rothenburg ob der Tauber, sondern deutlich weiter südlich. Es ist beinahe so, als käme sie zum Ort geflossen, um uns von unserem Rundgang durch die Altstadt für eine schöne Radreise abzuholen.

Wir starten am Bahnhof und umrunden den südlichen Teil der Altstadt. Dabei passieren wir die **Bastion** und die sogenannte gedeckte Brücke, über die wir durch das südliche Stadttor in die Altstadt kämen. Allerdings bleiben wir außerhalb der Stadtmauer und lassen das Rad unterhalb des nächsten Stadttores, dem Kobolzeller Tor, in das Taubertal rollen. An der **historischen Doppelbrücke** begegnen wir dem Fluss zum ersten Mal. Gleichzeitig verabschieden wir uns mit einem Blick zurück auf das höher gelegene Rothenburg. Dem Flusslauf folgend radeln wir noch ein Stück unterhalb der Stadtmauer in Richtung Norden und stellen schnell fest, dass die offizielle Bezeichnung dieses Radwegs „Lieb-

DER TAUBERTALRADWEG

liches Taubertal – der Klassiker" zu stimmen scheint. Lieblich ist das Tal bereits jetzt auf den ersten Metern.

Als **Klassiker** wird er bezeichnet, weil er sich auf seinen etwas mehr als hundert Kilometern sehr nah am Lauf des Flusses orientiert und überwiegend durch das Tal verläuft. Im Gegenzug dazu gibt es als Ergänzung noch den Radweg „Liebliches Taubertal – **der Sportive**". Der Zusatz deutet es bereits an: Auf dem sportiven Weg lernt man das Taubertal eher von den Höhen kennen und hat man deutlich mehr Höhenmeter zu überwinden. Beide Radwege lassen sich auch zu einem **Rundkurs** kombinieren.

An hübschen Höfen radeln wir entspannt vorbei, und auch kleinere Siedlungen wie das idyllisch gelegene **Bettwar** werden nach gut neun Kilometern von uns durchquert. Felder und Wiesen begleiten uns zwischen dem Radweg und dem rechts fließenden Fluss, der in seinem Uferbereich mit zahlreichen Bäumen eine Heimstatt für die Vogelwelt ist. Den Dörfern Tauberscheg

> **INFO**
> Die **Tauber** entspringt bei Rot am See und mündet bei Wertheim in den Main. Bis dahin legt sie knapp 130 Kilometer zurück.

Sanft zieht der Fluss seine Bahn

Auf Altstadttour durch ein liebliches Tal

ckenbach und Tauberzell lieh der Fluss seinen Namen, und kurz darauf sind wir für einige Zeit auf baden-württembergischen Boden unterwegs, wo uns die Ortschaft Creglingen erwartet. Rund 5 Kilometer vor dem Ort sollten wir am Gasthaus Holdermühle eine Radelpause einlegen. Es steht genau auf der Grenze zwischen Baden-Württemberg und Bayern, ein symbolischer Grenzpfahl teilt den Gastraum in zwei Hälften.

Nach etwas mehr als 20 Kilometern ist **Creglingen** für eine Rast mit Stadtbesichtigung ideal gelegen. Zahlreiche Fachwerkhäuser prägen die Straßen rund um den Marktplatz. Ein beliebtes Fotomotiv ist zum Beispiel das **Romschlössle** mit seinem Turm, ebenfalls aus Fachwerk bestehend, in dem die Stadtbibliothek untergebracht ist. Besonders sehenswert ist aber auch das Jüdische Museum mit der Dauerausstellung Wurzeln und Wege, die das Schicksal der jüdischen Bevölkerung der Region aufzeigt.

DAS MACHT DIE TOUR EINZIGARTIG!

- Das wahrlich liebliche Taubertal
- Urige Altstädte
- Flussradweg mit Höhenzug

Nach der Stadtbesichtigung erfüllt der Radweg weiter unsere Erwartungen an eine Fahrt durch das liebliche Taubertal. Wir radeln bei **Bieberehren** durch eine weite Schleife und erreichen **Röttingen,** das beinahe wie ein Rothenburg ob der Tauber in Miniatur wirkt. Zwar kleiner, aber mit mehreren Stadttoren, einer Stadtmauer und vielen historischen Häusern ist Röttingen eine einladende Ortschaft, und wir bleiben gerne für eine Rast oder nach rund 30 Kilometern gar für eine Übernachtung in der Altstadt.

Natürlich können wir mit Blick auf einige **Weinberge** auch noch zehn Kilometer weiter radeln und das größere **Weikersheim** besichtigen. Gleich neben der ruhigen Altstadt erhebt sich in Weikersheim das gleichnamige **Renaissanceschloss.** Entstanden ist es Ende des 16. Jahrhunderts als Umbau einer Wasserburg, die vom Wasser der Tauber umgeben war. Im 18. Jahrhundert wurde die Schlossanlage um einen Barockgarten erweitert, der am gegenüberliegenden Ende mit einer Orangerie begrenzt wurde.

DER TAUBERTALRADWEG

Weihnachtliches Rothenburg

Der Schlosspark und der angrenzende Stadtpark erstrecken sich genau zwischen Tauber und Taubertalradweg. Für uns ist die Besichtigung des Ensembles also kein Umweg.

Gleiches gilt für das **Deutschordensschloss** und für die weiteren Bauwerke im wenig später folgenden **Bad Mergentheim**. Den Kurort erreichen wir nach zweimaliger Überquerung der Tauber, womit wir die Hälfte des Radwegs bereits hinter uns haben. Doch Bad Mergentheim hält uns ein wenig länger auf. Immerhin gibt es hier mehrere historische Kirchen und interessante Museen zu entdecken. Das bedeutendste Museum ist zweifellos das Deutschordensmuseum, das hier an seinem ehemaligen Hauptsitz des Deutschen Ordens über die Geschichte der Ordensgemeinschaft informiert. Ganz nebenbei erblickt man beim Schlossbesuch auch die sehenswerte und reich verzierte Wendeltreppe. Die im hinteren Teil gelegene Schlosskirche ist übrigens eine von rund **30 Radwegekirchen** entlang des Taubertalradwegs und lässt uns während der Radreise kurz innehalten.

Weiter flussabwärts begegnen uns noch andere Orte mit kleinen Altstädten. Die bekannteste dürfte **Tauberbischofsheim** sein. Auch hier werden wir von einer gemütlichen Innenstadt begrüßt. Dominiert wird sie vom neogotischen Rathausgebäude am Marktplatz, doch als Wahrzeichen der Stadt gilt der Türmersturm. Den Wehrturm aus dem 13. Jahrhundert erreichen wir über den kopfsteingepflasterten Schlossplatz am südlichen Rand der Altstadt.

Die letzten Kilometer des Taubertalradwegs verlaufen, naturgemäß wie der Fluss, in engen Kurven durch die weiterhin liebliche Landschaft. Am Ende der Reise treffen wir an der Mündung der Tauber in den **Main** auf die Stadt **Wertheim**. Die dreieckig angelegte Altstadt erstreckt sich zwischen den beiden Flüssen und wird von der gleichnamigen, mächtigen Burg überragt. Die Höhenburg, Wahrzeichen der Stadt, ermöglicht einen großartigen Ausblick über die Stiftskirche hinweg auf die Gassen der pittoresken Altstadt. Gleichzeitig erblicken wir Teile des Höhenzugs, über den wir auf dem bereits erwähnten sportiven Taubertalradweg nach Rothenburg ob der Tauber zurückradeln können.

FAZIT

Ein wirklich lieblicher Radweg, der dem Namen alle Ehre macht. Malerische Kleinstädte mit gemütlichen historischen Häusern und Altstädten säumen den Weg und sind ein wahrer Augenschmaus.

GUT ZU WISSEN

VON: Rothenburg ob der Tauber
BIS: Wertheim
LÄNGE: 101 Kilometer
HÖHENMETER: ca. 360
ETAPPEN: 2–3
MARKIERUNG: durch Schriftzug
HÖCHSTER PUNKT: 430 Meter, Rothenburg ob der Tauber

DAS BRAUCHE ICH:
- für die sportive Variante ein leichtgängiges Rad oder Pedelec
- eine Kamera für die vielen historischen Häuser und Altstädte
- Muße für die 30 Radwegekirchen unterwegs

Abenteuerfaktor 🍼🍼🍼
Naturfaktor ⛺⛺⛺⛺
Schwierigkeitsfaktor ⚙️⚙️

Ein Ausblick, der sich lohnt!

Der Klassiker – Schloss Neuschwanstein

Auf den Spuren des bayerischen Königs Ludwig II.

Die Schlossparkrunde bringt uns mit Schwung zu den sehenswerten und weltbekannten Schlössern Bayerns. Darüber hinaus radeln wir auf flachen Bahntrassen und an Flüssen durch das ländliche und sonst hügelige Allgäu. Belohnt werden die Anstiege mit tollen Ausblicken auf die mächtige Wand der Nordalpen.

Schlossparkrunde? Das klingt ein wenig nach einem gemütlichen Spaziergang am Sonntagnachmittag im Landschaftsgarten des nahe gelegenen Schlosses. Gemeint ist aber natürlich etwas ganz anderes. Und zwar handelt es sich um die bayerischen Schlösser

Die Schlossparkrunde Allgäu
Auf den Spuren des bayerischen Königs Ludwig II.

im Allgäu, die es zu erradeln gilt. Dennoch bleibt es eine vergleichsweise kurze Runde. Denn die Schlossparkrunde Allgäu wird auch als kleine Schwester der Radrunde Allgäu bezeichnet. Dabei ist die Tour satte 219 Kilometer lang, doch der große Bruder durch das gesamte Allgäu bringt es mit 450 Kilometern auf mehr als das Doppelte.

Da es sich um einen **Rundkurs** handelt, der – ganz grob gesagt – einmal rund um Kaufbeuren verläuft, können wir an jedem Ort der Strecke in die Tour einsteigen. Üblicherweise beginnt man die Schlossparkrunde Allgäu jedoch in **Füssen,** und dann geht es los. Empfohlen wird, die Strecke gegen den Uhrzeigersinn zu radeln.

Den Stadtkern von Füssen lassen wir schnell hinter uns und überqueren den Fluss **Lech**. Damit radeln wir zugleich auf einem kurzen Abschnitt des hier im Buch beschriebenen Bodensee-Königssee-Radwegs. Nach nur drei Kilometern erreichen wir Hohenschwangau, wo wir auf einem Hang das weltberühmte **Schloss Neuschwanstein** erkennen. Der bayerische König Ludwig II. ließ es in der zweiten Hälfte des 19. Jahrhunderts errichten, erlebte die endgültige Fertigstellung jedoch nicht mehr. Den klassischsten Anblick von Schloss Neuschwanstein erleben wir, wenn wir das Fahrrad stehen lassen und einige Höhenmeter zur **Marienbrü–**

SPEKTAKULÄR
DIE SCHLOSSPARKRUNDE ALLGÄU

cke zu Fuß überwinden. Von dort sehen wir das Bauwerk vor der weiten ländlichen Kulisse des Allgäus.

Im Gegensatz dazu befindet sich **Schloss Hohenschwangau** etwas weiter unterhalb. Das in gelben Tönen leuchtende Schloss entstand in seiner heutigen Form im 16. Jahrhundert, als es einen bereits bestehenden Burgenbau ersetzte.

Mit Hohenschwangau haben wir den südlichsten Punkt der Schlossparkrunde erreicht und drehen unseren Lenker nun nach Norden. Mit den **Alpen** im Rücken radeln wir durch Schwangau und am Bannwaldsee vorbei. Wir genießen die Tour auf wenig befahrenen Straßen und Landwirtschaftswegen ohne nennenswerte Steigungen. Hinter dem kleinen Dorf Urspring begrüßen wir wieder den Lech mit leichter Veränderung. Hier wird er zum

> **INFO**
>
> In **Schloss Hohenschwangau** verbrachten Ludwig II. und sein Bruder Otto ihre Kindheit und Jugend.

Die Schlösserlandschaft im Voralpenland

Auf den Spuren des bayerischen Königs Ludwig II.   26

See gestaut, den wir an seiner Nordseite bis **Lechbruck** passieren. In einem großen Bogen fahren wir durch den Sulzschneider Forst und umrunden weitläufig den **1055 Meter** hohen Auerberg. Ein Abstecher auf den Auerberg wäre nicht zu verachten, denn durch seine freistehende Lage bietet er ein großartiges Panorama auf die schroffen Gipfel der Alpenkulisse.

Wie durch eine **Schlossparklandschaft** radeln wir gemütlich durch das an dieser Stelle nur mäßig hügelige Allgäu. Die weiten Landwirtschaftsflächen werden immer wieder von Wäldern abgelöst. Und zwischendrin durchqueren wir ein kleines und ruhiges Dorf nach dem nächsten. Für eine Zeit sind wir außerdem auf einem Bahnradweg unterwegs. Das sogenannte **Sachsenrieder Bähnle** pendelte bis zum Jahr 1972 auf der Strecke zwischen Schongau und Kaufbeuren. Heute ist die Bahnstrecke ein interaktiver Radweg mit zahlreichen modernen Informationstafeln und sogenannten Durchblickpanoramen, um einen Eindruck davon zu erhalten, wie das Bähnle einst durch die Landschaft zog.

DAS MACHT DIE TOUR EINZIGARTIG!
- Ein mäßig hügeliges Allgäu
- Bayerische Schlösser
- Das Alpenpanorama

Gleichzeitig geht es leicht bergab, was uns das Allgäu deutlich angenehm erfahren lässt. Doch das ändert sich kurz hinter Buchloe, genauer gesagt im Örtchen **Gennach.** Dieses markiert den nördlichsten Punkt der Radreise, womit es nun wieder in Richtung Alpen zurückgeht und wir wieder an Höhe gewinnen werden. Doch am Ufer des Flüsschens Wertach spüren wir die Steigung praktisch gar nicht. In greifbare Nähe rücken die Altstädte von **Kaufbeuron** und von **Marktoberdorf.** Doch sie liegen nicht direkt am Radweg, sondern würden einen Abstecher von wenigen Kilometern erfordern.

Auf unserem Weg liegen vielmehr kleinere Ortschaften, die sich aber oftmals um sehenswerte Gotteshäuser erstrecken. So zum Beispiel im Dorf Maria Rain, wo sich die **Wallfahrtskirche Heilig Kreuz** erhebt. Doch auch die Schlösser der Schlossparkrunde sollen natürlich nicht vergessen werden. Zuvor schon passie-

DIE SCHLOSSPARKRUNDE ALLGÄU

Burgruine Falkenstein

ren wir in Unterthingau das mächtige Schloss, in dem heute die Gemeindeverwaltung untergebracht ist.

Beim Überqueren der Wertach erreichen wir gleichzeitig auch wieder den Bodensee-Königssee-Radweg. Mittlerweile sind wir auch wieder deutlich näher am Alpenrand und haben von **Nesselwang** aus einen tollen Blick über Stadt und Kirchturm bis zu den Gipfeln der Alpen. Nach der Durchquerung von **Pfronten** erblicken wir außerdem zu unserer Rechten die **Ruine der Burg Falkenstein.** Die Höhenburg auf dem gleichnamigen Berg befindet sich in über 1200 Metern Höhe und hat sich damit den Titel der höchstgelegenen Burganlage Deutschlands verdient. König Ludwig II. kaufte die Ruine Ende des 19. Jahrhunderts und hatte, typisch für den Märchenkönig, übertriebene Pläne für einen Neubau an selber Stelle. Nach seinem ungeklärten Tod im Starnberger See wurden die bereits begonnenen Baumaßnahmen in ihrer sehr frühen Phase wieder eingestellt.

Am Nordufer des anschließenden **Weißensees** entlang gelangen wir wieder nach Füssen, wo wir im Stadtzentrum unsere mehrtägige Radrunde auf dem ausgezeichneten Radweg beenden.

FAZIT

Die Schlossparkrunde ist eine schöne Tour durch das ländliche Allgäu und erhielt zu Recht fünf Sterne vom ADFC. Die schönsten Schlösser befinden sich überwiegend am Anfang und am Ende der Tour.

GUT ZU WISSEN

VON: Füssen
BIS: Füssen
LÄNGE: 219 Kilometer
HÖHENMETER: ca. 1250
ETAPPEN: 5
MARKIERUNG: stilisiertes Märchenschloss
HÖCHSTER PUNKT: 930 Meter, bei Wildberg

DAS BRAUCHE ICH:
- ein leichtgängiges Rad mit wenig Gepäck oder besser noch ein E-Bike
- ein Fernglas, um die Aussichten auf die Alpen zu genießen
- etwas Proviant, weil es in den kleinen Dörfern kaum Einkehrmöglichkeiten gibt

Abenteuerfaktor ●●○○○
Naturfaktor ●●●●○
Schwierigkeitsfaktor ●●●○○

Ausblick über Nesselwang

FACETTENREICH

Drei Rundkurse auf einen Streich

27

Der Spreewald in Brandenburg ist natürlich bekannt für seine Spreewaldgurken. Doch nicht nur diese erleben wir auf der Reise, sondern auch die vielen Seen, Teiche und vor allen Dingen Fließen. Diese Art von Bächen dominieren weite Teile unserer Radreise und machen ein kleines Dorf sogar zu einem beliebten Ausflugsziel.

Eigentlich ist der Gurkenradweg ein einziger zusammenhängender Radrundweg mit einer Länge von 260 Kilometern. Ziemlich zentral befindet sich die Ortschaft **Lübben,** die sich als idealer Ausgangspunkt erweist. Doch gleichzeitig berührt sich der

Der Gurkenradweg
Drei Rundkurse auf einen Streich

Radweg an zwei Stellen, sodass sich drei verschiedene, kleinere Rundwege ergeben. Daher kann man sich entweder für einen der kleinen Rundwege entscheiden oder das **Komplettpaket** in Angriff nehmen. Wir entscheiden uns natürlich für Letzteres und wollen den Gurkenradweg in seiner vollen Länge kennenlernen.

Damit wir auch gleich wissen, mit welchem Thema wir uns während der Radreise fortwährend beschäftigen werden, radeln wir in Lübben gleich mal zum Ufer der **Spree**. Der rund 400 Kilometer lange Fluss entspringt im Görlitzer Bergland in Sachsen und erreicht nach der Durchquerung des Lausitzer Tieflands und des Spreewalds die Hauptstadt Berlin. Dort endet die Spree mit ihrer Mündung in die Havel. Die **historische Kulturlandschaft** des nach ihr benannten Spreewaldes werden wir auf der Radtour bereisen und auch die Gurkenfelder der Region passieren.

Doch zunächst verlassen wir Lübben an dem Spreezufluss Berste und an der Spree in Richtung Norden. Gleich am ersten Gasthaus außerhalb der Ortschaft wenden wir uns nach links und haben ganz nebenbei natürlich auch noch eine Einkehrmöglichkeit gefunden, in der Spreewälder Spezialitäten wie zum Beispiel ein schmackhafter Gurkensalat angeboten werden. Gerade ein-

DER GURKENRADWEG

> **INFO**
> „Auf die Gurke, fertig, los", heißt es beim alljährlichen **Spreewald-Marathon**, bei dem neben dem eigentlichen Lauf auch Wettbewerbe im Wandern, Paddeln, Inline-Skaten und – für uns besonders interessant – Radtourenfahren stattfinden.

mal sieben Kilometer sind es, bis wir nach dem Start hinter Klein Lubolz das Nachbardorf Groß Lubolz erreichen. Hier werden wir nach der kleinen **Westschleife des Gurkenradwegs** wieder auskommen und die nächste Schleife ansteuern. In Niwietz werfen wir einen Blick auf die sehenswerte Dorfkirche, die komplett in **Fachwerkarchitektur** errichtet wurde. Wir radeln an Feldern und Höfen vorbei, die mit der Spreewaldgurke untrennbar verbunden sind. Dann gibt es aber auch wieder ganz andere Höfe, wie das einstige Rittergut Sagritz, das sich heute in privater Hand befindet und aufwendig saniert wurde. Sehenswert auch die wenig später folgende **Kahnow-Mühle** am Ufer der Dahme. Hier können wir unsere Fahrradpacktaschen mit Produkten aus dem Hofladen füllen. Spreewaldgurken sind natürlich mit dabei.

Am malerischen Flussufer radeln wir durch einen Wald nach **Goßen,** wo sich am westlichsten Punkt des Gurkenradwegs das gleichnamige Schloss erhebt. Das klassizistische Herrenhaus entstand zusammen mit dem Schlosspark und Teich in der ersten

Vielleicht mal ein Stück mit dem Kanu?

Drei Rundkurse auf einen Streich

Hälfte des 18. Jahrhunderts. In einem weiten Bogen radeln wir durch Teile des Spreewalds und erfreuen uns an der ruhigen und flachen Landschaft, bis wir wieder in Groß Lubolz sind. Nach dem Besuch der dortigen Kirche, ebenfalls aus Fachwerk bestehend, starten wir zur **zweiten Schleife** des Gurkenradwegs.

Dieser Abschnitt verläuft noch **waldreicher,** was das Radeln allerdings manchmal ein wenig erschwert, wenn man auf den teils sandigen Waldwegen unterwegs ist. Am Wehlaberg lassen wir das Rad ohnehin komplett stehen und erklimmen den dortigen **Holzturm,** der uns ein tolles Panorama über die Region des Spreewalds ermöglicht. Bei Köthen passieren wir mehrere idyllische und auch abgelegene Seen und erreichen bald auch wieder die Spree, die den **Neuendorfer See** mit Wasser füllt. Wir umrunden das Gewässer, überqueren erneut den Fluss und tauchen wieder tief in den Spreewald ein. Immer wieder fallen uns auch die zweisprachigen Ortsnamen auf. So steht zum Beispiel am Ortseingangsschild von Gröditsch auch die Bezeichnung „Groźišćo". Die **Sorben** sind eine anerkannte nationale Minderheit und sprechen Obersorbisch und Niedersorbisch, wobei Letzteres vom Aussterben bedroht ist. Die meisten Sorben leben zwar in der nahe gelegenen Lausitz, doch auch hier im Spreewald findet man ihre Spuren.

So auch in Schlepzig (Słopišća), wo wir außerdem auf mehrere Wasserläufe treffen. Überwiegend handelt es sich um die sogenannten **Fließen,** eine Besonderheit der Region. Diese kleinen Bäche bilden ein rund 1500 Kilometer langes, weit verzweigtes Gewässernetz im Biosphärenreservat Spreewald und sind Lebensraum für eine Vielfalt an Tier- und Pflanzenarten.

Entlang der Spree und zahlreichen Teichen kommen wir wieder nach Lübben und lernen zum Abschluss die **östliche Schleife** des Radfernwegs kennen. Nördlich von Burg verlieren wir schnell den Überblick über die zahlreichen Fließen, die ein weitläufiges Gebiet einzigartig machen. Noch nasser wird es ganz im Osten,

DAS MACHT DIE TOUR EINZIGARTIG!

- Der Spreewald
- Die einzigartigen Fließen
- Leckere Gurken

FACETTENREICH
DER GURKENRADWEG

Gemütlich durch die Peitzer Teichlandschaft

wenn wir auf einem schmalen Graben die **Peitzer Teichlandschaft** durchqueren. Über 30 Teiche wurden hier zur Fischzucht angelegt und bilden damit das größte zusammenhängende Teichgebiet Deutschlands.

Ein wenig rummelig wird es bei der Durchquerung von Cottbus, doch wenig später sind wir wieder in der einsamen Fließenlandschaft unterwegs und gelangen zum unter Denkmalschutz stehenden **Inseldorf Lehde**. Der Ort ist bekannt dafür, dass die Bewohner ihre Post noch über den Wasserweg erhalten, wenn der Postbote mit seinem Kahn die Fließen befährt. Auch für uns ist es ein interessanter Ausflug, wenn wir das Fahrrad stehen lassen und den Ort per Kahn besichtigen. Dabei lassen wir uns natürlich auch den Besuch des **Spreewaldmuseums** nicht entgehen, um einen Einblick in das einstige Leben in der Region zu erhalten. Natürlich radeln wir zum Abschluss der Tour wieder an der Spree entlang und gelangen nach einigen Pedaltritten wieder zu unserem Ausgangspunkt in Lübben zurück.

FAZIT

Der Gurkenradweg bietet uns viel Natur und wenig überlaufene Landschaften mit viel Ruhe und dennoch toller Abwechslung – und nicht zu vergessen auch die Spreewaldgurken.

GUT ZU WISSEN

27

VON: Lübben
BIS: Lübben
LÄNGE: 260 Kilometer
HÖHENMETER: ca. 700
ETAPPEN: 5–6
MARKIERUNG: eine radelnde Gurke
HÖCHSTER PUNKT: 140 Meter, Wehlaberg

DAS BRAUCHE ICH:
- ein Fahrrad mit einfacher Ausstattung genügt
- ein wenig Kettenöl und ein grobes Reifenprofil für sandige Waldwege
- immer Appetit auf eine Gurke – aber der kommt von ganz allein

Abenteuerfaktor 🔶🔶🔶◻◻
Naturfaktor 🔺🔺🔺🔺◻
Schwierigkeitsfaktor ⚙⚙⚙◻◻

Wer pausiert, genießt länger

Zwischen Altstädten und Naturschönheiten

MARITIM

28

Von der nördlichsten Stadt Deutschlands bis zur nordöstlichsten Grenze des Landes radelt man nicht nur einfach an der Küste entlang. Man besichtigt vielmehr auch zahlreiche historische Altstädte, man wandelt auf Seebrücken und an Strandpromenaden entlang. Immer wieder ist man versucht, seine Radreise zu unterbrechen und bleiben zu wollen. Doch der nächste Ort, die nächste Landschaft ist mindestens genauso schön.

Nördlich von Wassersleben radeln wir die ersten Meter entlang der Bundesstraße 200 nach Süden und erreichen aber schon nach

Der Ostseeküstenradweg
Zwischen Altstädten und Naturschönheiten

kurzer Zeit den Strand der kleinen Ortschaft, wo wir einen ersten weiten Ausblick über das Wasser der Ostsee genießen können. Nicht viel weiter ist die Strecke bis zur ersten größeren Stadt, die wir auf dem Ostseeküstenradweg besuchen werden – **Flensburg**. Mit wenigen Pedalumdrehungen geht es flott zum Hafendamm, wo man dann ebenfalls entsprechend einen ersten Blick auf das Wasser genießt.

Kaum haben wir die letzten Häuser von Flensburg hinter uns gelassen, radeln wir kurze Zeit durch einen Wald bis zur nächsten Ortschaft, wo uns das Renaissanceschloss **Glücksburg** begrüßt. Malerisch erhebt sich das quadratisch angelegte Schloss mit seinen vier Türmen im Schlossteich und bietet bei einer kleinen Rast einen schönen Anblick. Mehrere Naturschutzgebiete, wie zum Beispiel der Pugumer See oder die Geltinger Birk, begleiten uns auf dem weiteren Weg entlang der Flensburger Förde. Kurz vor Maasholm, wo sich ein kleines Naturerlebniszentrum befindet, radeln wir mehr ins Landesinnere. Denn vor uns erstreckt sich das weitläufige Mündungsgebiet der Schlei, die hier auf die Ostsee trifft. Daher radeln wir im großen Bogen um die Halbinsel Schleimünde und durchqueren **Kappeln**.

MARITIM

DER OSTSEEKÜSTENRADWEG

Je nach Kondition sind wir nach zwei oder drei Etappentagen ebenfalls in **Kiel** angekommen und flanieren am Abend am Hafen entlang, wo die Fähren in die skandinavischen Länder ablegen. In der letzten Juni-Woche werden wir hier Zeuge der Kieler Woche und können zahlreiche Segler bei ihrer Regatta und Großsegler bei der Windjammerparade beobachten. Wir können aber auch selbst mit einem Schiff reisen, und zwar wenn wir das Zentrum Kiels auslassen und lieber ein Stück des Wegs abkürzen möchten. Dafür bietet sich die Fördefährlinie an, mit der wir nach Mönkeberg gelangen. Von dort radeln wir sehr schnell zum Marine-Ehrenmal in Laboe, wo wir zugleich das U-Boot U995 besichtigen können.

Ein ebenfalls historisches Fortbewegungsmittel sehen wir im folgenden **Schönberg**. Allerdings handelt es sich nicht um ein maritimes Fahrzeug, sondern um eine Museumseisenbahn, die im Ortsteil Schönberger Strand abfährt und uns die Ostseelandschaft vom Gleis aus präsentiert. Bei Oldenburg in Holstein oder auch wenig später in Heiligenhafen kann man wieder ein Stück

> **INFO**
> Wahrzeichen der Region ist die **Fehmarnsundbrücke**, die seit 1963 den „Knust" mit dem „Kontinent" verbindet.

Besuch auf engstem Raum

Zwischen Altstädten und Naturschönheiten

abkürzen, wenn die Zeit drängen sollte. Aber dann würde man die **Insel Fehmarn** verpassen, und eine Umrundung der ruhigen Insel sollte man sich nicht entgehen lassen. Rummelig ist es auf Fehmarn nur auf der Hauptverbindungsstraße nach Puttgarden, denn dort legen die Fähren nach Dänemark ab. Das Nachbarland ist keine 20 Kilometer entfernt und bei gutem Wetter sichtbar.

Nach der Inselumrundung radeln wir in südliche Richtung an der Lübecker Bucht entlang. Zahlreiche **Ostseebäder** wie zum Beispiel Dahme, Kellenhusen und Grömitz reihen sich wie Perlen an einer Kette und geben uns immer wieder einen guten Grund, um anzuhalten und uns an den **Strand** zu legen. Nicht minder touristisch geht es in Scharbeutz, Timmendorfer Strand und in Travemünde zu.

Heute erinnern nur noch ein Gedenkstein und eine Informationstafel an die deutsche Teilung, und wir überqueren mühelos die **Grenze** zwischen den Bundesländern Schleswig-Holstein und Mecklenburg-Vorpommern. Die ersten 25 Kilometer auf mecklenburgischem Gebiet fahren wir relativ einsam, bis wir das Ostseebad **Boltenhagen** erreichen. Auch die ähnlich lange Strecke gleich im Anschluss verwöhnt uns mit Ruhe und Idylle.

Mit der Hansestadt **Wismar** wird es dann zwar wieder etwas trubeliger, doch dafür entschädigt uns die tolle Altstadt, die wir nach dem Einchecken im Übernachtungsquartier gerne auch zu Fuß erkunden. Die Bürgerhäuser rund um den Rathausplatz bilden ein schönes Gebäudeensemble. Nicht umsonst wurde die Altstadt von Wismar in die Liste der Weltkulturerben der UNESCO aufgenommen.

Auf der weiteren Strecke entlang der Ostsee durchqueren wir mit Rerik und Kühlungsborn weitere Ostseebäder. Zwischendurch könnte man auch noch einen Abstecher auf die **Insel Poel** einschieben. Sie gehört zwar nicht zum Ostseeküstenradweg, aber wenn man schon einmal hier ist und vielleicht ein wenig Zeit mitbringt, warum nicht?

DAS MACHT DIE TOUR EINZIGARTIG!

- Seebäder und Sandstrände
- Altstädte und UNESCO-Erbe
- Nationalparks und Naturschutzgebiete

DER OSTSEEKÜSTENRADWEG

Kühlungsborn ist natürlich bekannt für die Bäderbahn namens Molli, die als Schmalspurbahn über **Heiligendamm** nach Bad Doberan fährt. Folgen wir strikt dem Ostseeküstenradweg, dann müssen wir auf das weiter im Landesinneren befindliche Bad Doberan verzichten, doch nach Heiligendamm kommen wir auch mit dem Fahrrad. Wenig später erreichen wir das Seebad **Warnemünde,** das Tor zur Ostsee für die Hansestadt Rostock. Mit der kleinen Fähre passieren wir nicht nur die Kreuzfahrtschiffe, die hier angelegt haben, sondern überqueren wir auch die Warnemündung, um am Ostufer weiterradeln zu können.

Nach Durchquerung der Rostocker Heide erreichen wir die Boddenlandschaft der Halbinsel Fischland-Darß-Zingst, die zu großen Teilen als Nationalpark ausgewiesen wurde. Kegelrobben und Seehunde lassen sich hin und wieder blicken, und wenn wir im Herbst unterwegs sind, werden wir hier sicherlich einige der Tausende Kraniche sehen können, die hier einige Zeit verbringen. Und als hätten wir noch nicht genug Schönheiten erlebt, machen wir auch in Stralsund Station, um ebenfalls bei einem abendlichen Rundgang die zum Weltkulturerbe gehörende Altstadt zu besichtigen.

Wer bei seiner Ankunft schlechtes Wetter hat, der soll sich nicht grämen. Wir werden ein weiteres Mal nach Stralsund gelangen. Denn die Hansestadt ist Ausgangspunkt für eine Runde auf der Insel **Rügen.** Da sie die größte Insel Deutschlands ist, sollte man sie nicht unterschätzen. Zumal Rügen natürlich zahlreiche Sehenswürdigkeiten anbieten kann. Berühmte Ortschaften wie Sassnitz, Binz und Putbus liegen entlang der Strecke und laden zum Verweilen ein. Und nicht zu vergessen der berühmte **Kreidefelsen** Königsstuhl im Nationalpark Jasmund als Wahrzeichen von Rügen. Es gibt also einiges zu erfahren. Wer nicht direkt nach Stralsund zurück möchte, kann im Südosten von Rügen auch die Glewitzer Fähre benutzen, um wieder zum Festland zu gelangen.

Die Altstadt der Hansestadt **Greifswald** mit ihrer für die Ostseeküste typischen Backsteingotik ist die letzte größere Stadt entlang des Radwegs. Anschließend erreichen wir die **Insel Usedom** und beenden unsere Reise an der Ostsee mit dem Aufenthalt in Ahlbeck, natürlich wieder einem Ostseebad.

FAZIT

Der Ostseeküstenradweg verlockt mit seinen Altstädten, Ostseebädern, Naturlandschaften und Sehenswürdigkeiten zu zahlreichen ungeplanten Zwischenstopps, die die Tour so facettenreich machen.

GUT ZU WISSEN

28

VON: Wassersleben an der deutsch-dänischen Grenze
BIS: Seebad Ahlbeck auf der Insel Usedom
LÄNGE: je nach Abstecher bis zu 1200 Kilometer
HÖHENMETER: ca. 2000
ETAPPEN: 13–15
MARKIERUNG: stilisiertes Meer mit Strand und Schriftzug
HÖCHSTER PUNKT: 148 Meter, Rügen

DAS BRAUCHE ICH:
- Fernglas zur Beobachtung von Vögeln und Schiffen
- Reiseführer über die Geschichte der Ostseestädte
- breite Fahrradreifen für den Sand

Abenteuerfaktor 2/5
Naturfaktor 3/5
Schwierigkeitsfaktor 3/5

Blau-weißes Rügen

An der Grenze zwischen Deutschland und Polen

GRENZGÄNGER 29

Auf dem Oder-Neiße-Radweg lernen wir eine abseits gelegene Region Deutschlands kennen, die sich mit Ruhe und viel Natur präsentiert. Kurze Abstecher nach Polen ermöglichen uns Einblicke in das Nachbarland, und Weltkulturerben sowie Nationalparks stehen auch auf dem Programm dieser Radreise.

Den Oder-Neiße-Radweg radelt man am besten von Süd nach Nord. Man beginnt an seinem höchsten Punkt in der Nähe des **Dreiländerecks** von Tschechien, Polen und Deutschland. Und damit kommen wir gleich zum thematischen Schwerpunkt dieses

Der Oder-Neiße-Radweg
An der Grenze zwischen Deutschland und Polen

Fernradwegs. Er ist nämlich nicht nur ein Flussradweg an den beiden Wasserläufen Oder und Neiße, sondern verläuft dadurch auch fast komplett direkt an der **deutsch-polnischen Grenze** entlang.

Damit ist der Radweg auch politisch interessant. Bis 1989 wäre es undenkbar gewesen, an diesen Flussufern so zu radeln, wie wir das heute können. Damals handelte es sich noch um die Grenze zwischen der Deutschen Demokratischen Republik und der Volksrepublik Polen. Als Grenze zwischen dem vereinten Deutschland und Polen wurde sie im Rahmen des Zwei-plus-vier-Vertrages anerkannt und verankert. Seit der Aufnahme Polens in die Europäische Union und dem Beitritt zum Schengen-Abkommen ist das Reisen entlang der Grenze völlig unproblematisch und ermöglicht einen Grenzübergang ohne Formalitäten.

Gleiches gilt für Tschechien, wo unsere Radreise an der **Quelle der Lausitzer Neiße** beginnt. Wir radeln jedoch nur ein kurzes Stück auf tschechischer Seite, erreichen zunächst deutsches Staatsgebiet und wenig später die Markierung für das Dreiländereck der drei Staaten. Unmittelbar darauf treffen wir auf die erste Stadt innerhalb Deutschlands. Vom Rest Deutschlands aus

DER ODER-NEISSE-RADWEG

gesehen ist sie recht abgelegen, doch die Altstadt von **Zittau** lohnt einen kurzen Abstecher vom Radweg, um sich die restaurierten Häuser rund um den kopfsteingepflasterten Marktplatz anzuschauen. Wenig später kommen wir wieder bis zum Ufer zurück und blicken auf das Gebäudeensemble des **Klosters St. Marienthal.** Das älteste und durchgehend bestehende Zisterzienserinnen-Kloster Deutschlands blickt mittlerweile auf eine bald 800-jährige Geschichte zurück, seit es von Kunigunde von Staufen im Jahr 1234 gegründet wurde.

Nur einen Katzensprung ist es am Berzdorfer See vorbei bis in die ebenfalls empfehlenswerte Altstadt von **Görlitz**. Eine vierstellige Anzahl von Baudenkmälern macht die Stadt absolut sehenswert. Dazu gehört zum Beispiel auch die aus dem 15. Jahrhundert stammende Pfarrkirche St. Peter und Paul, von der aus man nicht nur einen Blick aufs am anderen Ufer der Neiße liegende Zgorzelec werfen kann, das man über eine moderne Fußgän-

> ▶ **INFO**
>
> **Louis Ferdinand Jungius, Hofkoch an Schloss Muskau,** widmete sein dreischichtiges Sahneeis in einem Kochbuch von 1839 „seinem" Grafen: Das **Fürst-Pückler-Eis** war geboren.

Den Blick einfach über die Oder schweifen lassen

An der Grenze zwischen Deutschland und Polen

gerbrücke erreicht. Zgorzelec ist der polnische Name für Görlitz und war einst die östliche Vorstadt der heutigen östlichsten Stadt Deutschlands.

Wir radeln weiter nach Norden. Nicht immer direkt am Flussufer entlang, aber in unmittelbarer Nähe. Kurz vor dem kleinen Ort Zentendorf sollten wir jedoch unser Rad über einen schmalen Feldweg bis an die Neiße schieben. Denn dort befindet sich in aller Abgeschiedenheit eine kleiner Rastplatz, der den **östlichsten Punkt Deutschlands** markiert. Gleich im Anschluss können wir aber auch direkt übernachten, und zwar im **1. Deutschen Baumhaushotel** in der sogenannten geheimen Welt von Turisede. Der mehrfach ausgezeichnete Abenteuerfreizeitpark erstreckt sich mittlerweile auf beiden Seiten der Grenze – ein gelebtes Europa. Die Holzbrücke über den Fluss ist genauso kurios gestaltet wie viele andere Elemente der Parklandschaft.

DAS MACHT DIE TOUR EINZIGARTIG!

Grenzregion zwischen Deutschland & Polen

Ausflüge in polnische Städte

UNESCO-Welterbe und Nationalpark

Zwischen zahlreichen kleinen Dörfern erleben wir eine ruhige Landschaft und freuen uns auch immer wieder, wenn wir wie in Sagar fahrradfreundliche Einkehrmöglichkeiten treffen. In der dortigen **Radlerklause** können wir nicht nur pausieren, sondern auch übernachten und bekommen Tipps zur Fahrradreparatur und zum Oder-Neiße-Radweg sowie zum Froschradweg, auf dem wir uns kurzzeitig auch befinden. Nur wenige Pedaltritte später lernen wir den **Fürst-Pückler-Park** kennen, der **Bad Muskau** zu einer Ortschaft auf der Liste des UNESCO-Weltkulturerbes macht. Die traumhaft schöne und gepflegte Parkanlage ist der größte Englische Garten in Mitteleuropa und erstreckt sich rund um das ebenfalls sehenswerte Neue Schloss von Bad Muskau.

Dicht am Ufer radeln wir an den Städten Forst und Guben vorbei, bis wir uns von der Neiße verabschieden. Sie mündet nun in die **Oder.** Für uns ändert sich dadurch grundsätzlich nichts. Wir bleiben weiter ausschließlich auf deutscher Seite, außer wir radeln für kurze Abstecher ins Nachbarland. Lediglich optisch tut sich etwas. Denn die Oder ist deutlich breiter als die Neiße, und

DER ODER-NEISSE-RADWEG

Ende im (deutschen) Gelände

so ist das polnische Flussufer nun ein wenig weiter weggerückt. Doch wir können es natürlich immer noch über Brücken erreichen, so zum Beispiel in **Frankfurt,** nördlich von Eisenhüttenstadt. Ähnlich wie in Görlitz wachsen hier langsam zwei Städte zusammen, die einst schon mal eine Stadt waren. Am rechten Ufer der Oder erstreckt sich das polnische Słubice als ehemaliger Teil Frankfurts.

Nördlich von Frankfurt wird es noch ruhiger und einsamer entlang der **Oderwiesen und -auen.** Größere Städte bleiben nun aus, und wir gelangen in den wohl schönsten Abschnitt entlang des Fernradwegs. Der Nationalpark Unteres Odertal erwartet uns ab der Ortschaft Hohensaaten. Er umfasst eine einzigartige Auenlandschaft und dehnt sich an der Stadt Schwedt vorbei bis Mescherin über eine Länge von rund 45 Kilometer aus. **Störche und Kraniche** sind zur richtigen Jahreszeit ein alltäglicher Anblick, und Aussichtstürme wie in Mescherin bieten tolle Ausblicke auf die Oderlandschaft kurz vor der Ostsee.

Apropos Ostsee. Mit dem Nationalpark verlassen wir die Oder. Sie fließt nun weiter durch Polen nach Stettin und mündet dort ins Stettiner Haff, während wir an der Westseite des Haffs nach Ueckermünde und Anklam gelangen. Dort wechseln wir auf die Insel **Usedom** und beenden unsere Reise entlang des Oder-Neiße-Radwegs im **Seebad Ahlbeck,** wo wir fortan auf dem Ostsee-Radweg weiterradeln können.

FAZIT

Der Oder-Neiße-Radweg bietet viel Ruhe, Einsamkeit und Natur, bleibt dabei aber (leider) konstant auf deutscher Seite. Polnische Begegnungen findet man nur bei Abstechern in das Nachbarland, die aber an jeder Brücke möglich sind.

GUT ZU WISSEN

VON: Nová Ves nad Nisou (Tschechien), alternativ Zittau
BIS: Seebad Ahlbeck auf Usedom
LÄNGE: 630 Kilometer
HÖHENMETER: ca. 3000
ETAPPEN: 12–14
MARKIERUNG: stilisierter Fluss und Beschriftung
HÖCHSTER PUNKT: 620 Meter, an der Quelle der Neiße

DAS BRAUCHE ICH:
- ein Fahrrad mit einfacher Ausstattung genügt
- immer etwas Proviant in den Packtaschen, da Einkaufsmöglichkeiten rar gesät sind
- ein paar Złoty

Abenteuerfaktor ▮▮▮▯▯
Naturfaktor ▲▲▲▲▲
Schwierigkeitsfaktor ●●●○○

Auf dem Weg zur Ostsee

Beweisfoto für die Guinness-Redaktion

In 24 Stunden durch sechs Länder   30

Rad fahren mit Herausforderung, und zum Abschluss gibt es eine offizielle Urkunde von der Redaktion des Guinnessbuchs der Rekorde. Zugegeben, Letzteres ist nicht mehr möglich. Denn das Zertifikat für den aufgestellten Weltrekord erhielt der Autor dieses Buches. Er radelte innerhalb von 24 Stunden durch sechs Staaten. Hier der Bericht zum Nachradeln:

Ich fahre gerne und viel Fahrrad, aber nicht immer in sportlicher Weise. Mit dem Rad radelte ich bereits mehrere Monate durch Europa und auch schon für einen guten Zweck sechs Wochen durch ganz Deutschland. Aber an keinem einzigen Tag radelte ich über

EXTRA: Meine Weltrekordtour
In 24 Stunden durch sechs Länder

300 Kilometer – schon gar nicht mit Gepäck. Eine Weltrekordtour mit dieser Länge war also auch für mich eine Herausforderung.

Neben der sportlichen Vorbereitung galt es aber auch, einige bürokratische Erledigungen durchzuführen. Die Redaktion des **Guinnessbuchs der Rekorde** musste über den Rekordversuch im Vorfeld informiert werden. Nachträglich wird ein solches Projekt nicht anerkannt, auch wenn man das erforderliche Ziel erfüllt hat. Erhält man grünes Licht aus der Londoner Redaktion, dann hat man ein Jahr Zeit, um den Rekord aufzustellen. Zu guter Letzt durfte das **Begleitteam,** bestehend aus zwei Personen, nicht fehlen.

Dieses war natürlich auch aus organisatorischen Gründen dringend notwendig. So konnte ich alle 15 bis 20 Kilometer eine Pause einlegen und mich stärken, ohne dass ich Proviant mit mir führen musste. Die Tour, die **jedermann** nachradeln kann, bietet nicht nur die Möglichkeit, einen Weltrekord aufzustellen, sondern ist auch landschaftlich sehr reizvoll. Allerdings verläuft sie nicht ausschließlich auf deutschem Boden. Denn um sechs Länder in 24 Stunden mit dem Fahrrad besuchen zu können, muss man natürlich auch in das Ausland.

Wir beginnen die Weltrekordtour in **Italien,** genauer gesagt auf dem **Splügenpass** in 2114 Metern Höhe. Der landschaftliche Reiz

EXTRA: MEINE WELTREKORDTOUR

ist, zumindest bei der Weltrekordfahrt, schnell verflogen. Mitten in der Nacht um Viertel nach drei sieht man wenig von den wunderschönen **Alpengipfeln.** Seit meiner ersten Alpenüberquerung mit dem Fahrrad war es immer ein Wunsch von mir, noch einmal eine schöne, lange Abfahrt genießen zu können. Nun sollte es so weit sein. Das eindeutige Signal, natürlich auf Video aufgezeichnet, ertönte, und die 24 Stunden Zeit starteten jetzt. Nur 15 Meter sind zu radeln und schon hat man ein Drittel des Weltrekordversuchs geschafft. Denn man überquert die Grenze zur **Schweiz** und befindet sich im zweiten Land der Reise. **Arrivederci Italia.**

Von nun an geht es bergab. In über **20 Spitzkehren** verliert man deutlich an Höhe. Mitten in der Nacht und bei Nieselregen mit geringer Temperatur leider weniger schnell als gehofft. Hinter jeder Serpentine ist es zunächst fast stockdunkel, doch wenige Sekunden später erhellt der Lichtkegel des hinter einem fahrenden Begleitfahrzeugs die Straße. Man wirft einen langen Schatten und verschwindet sogleich hinter der nächsten Spitzkehre.

> **INFO**
> 1955 wurde das erste **Guinnessbuch der Rekorde** veröffentlicht, das tatsächlich von der Brauerei in Auftrag gegeben wurde und zunächst nur in Irland erschien.

Die ersten hundert Kilometer waren hier geschafft

In 24 Stunden durch sechs Länder

30

Im ersten Ort entlang der Strecke sind die Fenster in den Häusern ebenfalls noch unbeleuchtet. Splügen befindet sich trotz der Passabfahrt auf über **1400 Metern.** Da ist also noch einiges an Gefälle zu erwarten. Zugleich hat man das Tal des Hinterrheins erreicht, einem der beiden Quellflüsse von Vater Rhein. Genau diesem Fluss folgen wir ab Splügen überwiegend. Durch die **Rofflaschlucht** geht es weiter bergab bis zur **Viamala-Schlucht.** Bei einer Weltrekordtour bleibt leider keine Zeit für einen ausgiebigen Besuch, außerdem ist es immer noch dunkel. Doch bei einer gemütlichen Radtour sollte man sich den Anblick der schmalen Schlucht nicht entgehen lassen.

Mit der Schweizer Ortschaft **Thusis** ist man mittlerweile nur noch auf etwas mehr als 700 Höhenmetern unterwegs. Von hier an reicht die Schwerkraft allein nicht mehr aus, und man muss auch selber in die Pedale treten. Immerhin, mehr als 30 Kilometer sind bereits geschafft, rund zehn Prozent der Gesamttour und das nur durch Sitzen auf dem Sattel. Der Hinterrhein fließt nach Norden und trifft in Reichenau auf den Vorderrhein.

DAS MACHT DIE TOUR EINZIGARTIG!

- Nur hier schafft man 6 Länder an 1 Tag
- Mitten in den Alpen ohne Steigung
- Der Guinnessbuch-Eintrag des Autors

Auf einer kleinen Straßenbrücke blicken wir nach rechts und sehen, wie Vorderrhein und Hinterrhein zusammentreffen und den Rhein bilden. Wir durchqueren die Städte Chur und Bad Ragaz, um gleich dahinter auf den **Rheinradweg** abzubiegen. Mittlerweile ist die Sonne aufgegangen und die Dunkelheit gewichen. Der Nieselregen ist verschwunden, und im Tal ist es auch deutlich wärmer. Ein wunderschöner Radeltag kann beginnen. 99 Kilometer haben wir hinter uns, wenn wir das dritte Land erreichen. Auf einer malerischen und überdachten Holzbrücke überqueren wir den Rhein, verlassen vorläufig die Schweiz und rollen durch die Straßen von Vaduz, der Hauptstadt **Liechtensteins.**

Wir sind mitten in den **Alpen.** Rechts und links erheben sich die Berge majestätisch. Und dennoch genießen wir die Tour weiterhin ganz ohne Steigung. Auf dem asphaltierten Rheinradweg auf dem Damm neben dem Fluss kann man sogar durch das leichte

EXTRA: MEINE WELTREKORDTOUR

Gefälle sehr flott fahren. Hierfür bietet sich wieder der linksrheinische Teil auf Schweizer Seite an. Doch um auch das vierte Land mit dem Fahrrad zu erreichen, muss man wenig später erneut den Rhein überqueren und nach Österreich einreisen. Bei St. Margarethen in der Schweiz trifft man auf den Bodensee. Wer sich mit fünf Ländern innerhalb weniger Stunden zufrieden gibt, der radelt an Bregenz vorbei und ist in Deutschland angekommen. Gut 150 Kilometer sind das, fast nur bergab und relativ mühelos zu schaffen.

Doch für ein sechstes Land ist es sinnvoller, südlich des Bodensees den Fahrradlenker nach Westen einzuschlagen. Der Radweg am Bodensee wäre denkbar und eine schöne Strecke, kostet aber Zeit. Daher radelte ich auf den Radwegen neben den schweizerischen Landstraßen. Im Dorf Günzgen bei Hohentengen am Hochrhein traf ich zum ersten Mal auf deutschen Boden. Es ist bereits Nachmittag, doch das fünfte Land ist nun erreicht. Auch der Rheinradweg durch Laufenburg und Bad Säckingen wäre hier eine schöne Strecke. Aber nach fast 300 Kilometern wählt man auf einer Weltrekordtour lieber den direkten Weg.

Die Sonne ist wieder verschwunden, als ich Basel erreiche. Am Ufer des Rheins quäle ich mich mittlerweile durch die Altstadt und habe nur noch ein Ziel vor Augen: St. Louis in Frankreich. Langsam rolle ich über den Grenzübergang und werde dort von meinem Begleitteam sowie den dortigen Zöllnern freudig empfangen. Über 20 Stunden brauchte ich für die 335 Kilometer lange Strecke. Es wäre also noch ein wenig Luft geblieben. Als Rennradler ist man auf dieser Distanz natürlich schneller, doch in den Stunden ist auch noch die viele Zeit enthalten, die für Bilder und Zeugenaussagen aufgebracht werden mussten. Ich wünsche viel Spaß beim Nachradeln und kann versprechen: Es lohnt sich!

FAZIT

Die landschaftlich schöne Tour kann man auch nach fünf Ländern beenden. Auf 150 Kilometern radelt man dann ständig bergab und zwischen den hohen Bergen der Alpen hindurch bis zum Bodensee. Ist zwar nicht mehr weltrekordverdächtig, aber ebenso spannend und schön.

GUT ZU WISSEN

30

VON: Splügenpass (Italien)
BIS: St. Louis (Frankreich)
LÄNGE: 335 Kilometer
HÖHENMETER: bleiben mein Geheimnis
ETAPPEN: 1
MARKIERUNG: keine
HÖCHSTER PUNKT: 2114 Meter, Splügenpass

DAS BRAUCHE ICH:
- den richtigen Zeitpunkt
- ein Begleitteam
- Zeugen am Wegesrand sowie Beweismaterial
- ein leichtes und schnelles Fahrrad

Abenteuerfaktor
Naturfaktor
Schwierigkeitsfaktor

Grüezi!

© 2020 Droste Verlag GmbH, Düsseldorf
3. Auflage 2021
Konzeption/Satz: Droste Verlag, Düsseldorf
Einbandgestaltung: Kay Bach, Köln,
Fotos: Michael Moll, Essen, außer:
© stock.adobe.com: S. 80 (Henry Czauderna), 118 (Leonid Androuov),
130 (Marco2811), 135 (peno-penofoto.de), 144 (chirag),
146 (Weimar), 147 (pure-life-pictures), 160 (JFL Photography),
162 (Patryk Kosmider), 164 (peter knechtges),
166 (ines39); Symbole: © Marc Brown
Karten: Sameena Jehanzeb, Bonn
Druck und Bindung: LUC GmbH, Greven

Alle Angaben in diesem Buch wurden sorgfältig recherchiert und geprüft.
Für die Richtigkeit der Angaben, für etwaige Unfälle und Schäden
jeglicher Art kann keine Haftung übernommen werden:
die Nutzung erfolgt auf eigenes Risiko. Abweichungen,
die nach Redaktionsschluss erfolgten,
konnten nicht mehr berücksichtigt werden.
Hinweise und Änderungen nehmen wir gern entgegen.

ISBN 978-3-7700-2165-9
www.droste-verlag.de